ALEX BÚSSULO
Autor de Vendalogia®

# QUEM TEM ESTRATÉGIA ENRIQUECE

Conheça as 47 melhores estratégias de vendas e comunicação do mundo

**Presidente do conselho:**
Maurício Sita

**Presidente:**
Alessandra Ksenhuck

**Vice-presidentes:**
Cláudia Pires e Julyana Rosa

**Diretora de projetos:**
Gleide Santos

**Coordenadora editorial:**
Amanda Moura

**Assistente editorial:**
Júlia Almeida

**Capa:**
Agência ON

**Projeto gráfico:**
Gabriel Uchima

**Diagramação:**
Candido Ferreira Jr.

**Revisão:**
Margot Cardoso e Angélica Mendonça

**Impressão:**
Paym

**Dados Internacionais de Catalogação na Publicação (CIP)**
**(eDOC BRASIL, Belo Horizonte/MG)**

B981q

Bússulo, Alex.
Quem tem estratégia enriquece / Alex Bússulo. – São Paulo, SP: Literare Books International, 2024.
200 p. : 14 x 21 cm

Inclui bibliografia
ISBN 978-65-5922-894-2

1. Vendas. 2. Marketing. 3. Empreendedorismo. I. Título.
CDD 658.4

**Elaborado por Maurício Amormino Júnior – CRB6/2422**

Literare Books International.
Alameda dos Guatás, 102 – Saúde – São Paulo, SP.
CEP 04053-040
Fone: +55 (0**11) 2659-0968
site: www.literarebooks.com.br
e-mail: literare@literarebooks.com.br

FSC
www.fsc.org
**MISTO**
**Papel produzido a partir de fontes responsáveis**
**FSC® C133282**

# GRATIDÃO

Este livro é dedicado primeiramente a Deus, por me abençoar com uma vida repleta de conquistas extraordinárias. Agradeço imensamente aos meus pais, Antonio e Clarice, por me proporcionarem um alicerce inabalável. À minha amada esposa, Vislene Bússulo, minha incansável incentivadora e parceira de vida. Aos meus filhos amados, Benício e Benjamin, que enriquecem cada dia da minha jornada. A minha querida irmã Adrieli, que sempre me incentiva com palavras de carinho. Um agradecimento especial a todo o meu time do Portal ON, em especial aos diretores Paula Moraes, Thalita Gerez, Carolina Albamonte e Jonatas Everton, cuja criatividade e comprometimento são fontes constantes de inspiração. Aos meus clientes, que me ensinaram na prática a importância de ter um atendimento de excelência. Agradeço também ao amigo e incentivador Eduardo Volpato, fonte de inspiração, que enriquece este livro com um generoso prefácio. E a você, leitor, que está prestes a embarcar nesta jornada. Muito obrigado!

# SUMÁRIO

*"Sempre comece pelo como."*
(Pablo Marçal)

# PREFÁCIO

## Aprenda com quem sabe

Não foi por acaso que eu recebi há alguns anos uma mensagem simpática, via Instagram, vinda de um profissional que sempre admirei: Alex Bússulo, empreendedor, especialista em vendas e autor do método *Vendalogia*®. A vida estava me conectando a ele, proporcionando a oportunidade de aprender mais sobre vendas e até contratá-lo como consultor para treinar meus vendedores. Esse foi o início de uma história de respeito, admiração e amizade, que agora compartilho com vocês neste prefácio de um trabalho brilhante: *Quem tem estratégia enriquece*.

Neste livro, Bússulo reúne as estratégias mais eficazes adotadas por grandes vendedores ao redor do mundo. E o melhor: todas são apresentadas de forma simples e prática, prontas para serem implementadas. É um verdadeiro manual de instruções, feito para ser usado e ajudar você a vender mais.

Em nossas conversas, Bússulo sempre reforça: todos somos vendedores! Precisamos saber apresentar o que temos a oferecer. Hoje, ser um bom vendedor é mais sobre ser especialista ou consultor em um tema específico, ao invés de agir como o vendedor clichê, que insiste nas mesmas técnicas. A maioria das pessoas gosta de comprar, mas não aprecia vendedores tradicionais que "empurram" produtos. Bússulo sugere que, para vender bem, é essencial não se comportar como um vendedor convencional, mas sim entender profundamente o que se está oferecendo, com empatia e estratégia.

Qualquer pessoa pode vender muito se estudar e estiver realmente disposta. Comece agora, com os recursos que tem. Dê o primeiro passo e ajuste o necessário ao longo do caminho. O importante é querer fazer, ser movido pela vontade genuína de oferecer o seu melhor. Leia este livro para se preparar melhor.

Bússulo sempre enfatiza que a maioria dos vendedores não se prepara antes de trabalhar, não estuda ou lê bons livros da área. Assim como médicos e advogados que estudam continuamente, vendedores também deveriam. Faça sua parte, seja diferente e garanta seu espaço. A perfeição não existe; a nós cabe a ação. Conhecer estas 47 super estratégias de vendas será um diferencial enorme.

Adoro acompanhar as referências e destaques de cada setor para ver o que outros já fizeram bem. Como ensina o autor, seja genuíno e demonstre interesse pelo consumidor. Entenda suas necessidades e faça sua parte. Além disso, Bússulo nos convida a refletir sobre ambição e autogestão emocional, temas vitais para um vendedor de excelência. Mergulhe nesta leitura e aprenda com um grande conhecedor de vendas.

Vou guardar meu exemplar com carinho e garantir que todos os meus vendedores tenham o seu. Prepare-se para aprender com um especialista que faz as coisas acontecerem. Um empreendedor que chegou a CEO do Grupo ON, deixando sua marca com muito trabalho e conhecimento. Um homem de virtudes, um irmão que muito me ajudou e que agora vai ajudar você também. Esteja preparado para essa oportunidade. Boa leitura e boas vendas para todos nós!

Abraço,

**EDUARDO VOLPATO**
**@edu_volpato**

Fundador do Grupo Volpato e da rede global de restaurantes Seventh Brunch, é um empreendedor ítalo-brasileiro com formação em Eletrônica e especialização em Segurança. Autor *best-seller* dos livros *Decida Vencer* e *Atitude Positiva Diária*, sua história de superação inspira muitos. Reconhecido nacionalmente, ele é conhecido por sua visão empreendedora e dedicação aos negócios, impactando positivamente diversas áreas e sendo também um filantropo engajado.

# APRESENTAÇÃO

## Qual é a sua estratégia?

Bom vendedor é aquele que vende. Ponto. Bom vendedor é aquele que ganha muito dinheiro com vendas. Mas, para isso, é preciso ter estratégia. Ser um vendedor de sucesso não é apenas uma questão de talento inato; é o resultado de um conjunto de características essenciais e o domínio preciso de técnicas eficazes. Para a excelência em vendas, três atributos são fundamentais.

Primeiro, a **AMBIÇÃO** é vital. Um vendedor bem-sucedido deve possuir sonhos claros, projetos significativos e metas concretas. A ambição alimenta a motivação, que é o motor da persistência e do esforço contínuo. Segundo, a **AUTOGESTÃO EMOCIONAL** é crucial. O mundo das vendas é repleto de desafios e rejeições; saber navegar por suas emoções, especialmente as negativas, é essencial para manter o equilíbrio e a clareza sob pressão.

Por último, e igualmente importante, está o conhecimento profundo das **ESTRATÉGIAS DE VENDAS**. Mesmo o vendedor mais ambicioso e emocionalmente inteligente encontrará dificuldades sem um arsenal sólido de técnicas de negociação. Aqui, a metodologia de vendas entra em cena como um conjunto de princípios, técnicas e processos estruturados. Essa estrutura é projetada para padronizar e otimizar interações, garantindo que cada passo do processo contribua para o fechamento eficiente de negócios.

As metodologias de vendas servem como um roteiro detalhado, que guiam o vendedor desde a prospecção até o fechamento e o acompanhamento pós-venda. Existem inúmeras estratégias de vendas ao redor do mundo, testadas e validadas por uma diversidade de perfis profissionais, desde os mais agressivos até os mais consultivos.

Quando escrevi o livro *Vendalogia*, cunhei esse termo para determinar uma verdade simples: vendedores que não estudam não crescem, nem enriquecem. Um médico apenas se torna médico após anos de estudo e especializações. Um bom advogado também. São anos de estudos e aprendizagem constante. Isso também deveria acontecer com os vendedores.

*Vendalogia*® representa o estudo aprofundado das vendas, uma disciplina tão crucial quanto qualquer outra ciência. Sempre me perguntei por que não havia uma palavra específica que definisse o estudo sistemático das vendas, assim como a biologia estuda a vida ou a psicologia a mente.

Este livro que você segura é uma ferramenta desse campo de estudo. É um compêndio das 47 principais e mais eficazes metodologias de vendas de vários países, englobando tanto estratégias tradicionais como *cold calling* e *door to door*, quanto abordagens modernas como *netweaving* e *influencer selling*, incluindo também metodologias renomadas como *SPIN selling* e técnicas de PNL (Programação Neurolinguística).

Cada metodologia é única, algumas se complementam, cada uma com suas próprias estratégias e fundamentos, mas todas compartilham um objetivo comum: ensinar-lhe a aprimorar suas vendas. Encorajo você a ler, estudar e compartilhar esse conhecimento com colegas e amigos. Identifique as estratégias que melhor se adequam ao seu modelo de negócio e coloque-as em prática. Afinal, quem tem estratégia, enriquece!

Bons estudos!

**ALEX BÚSSULO**
**@alexbussulo**

Especialista em vendas, autor do livro *Vendalogia*, graduado em Comunicação/Jornalismo e CEO do Portal ON.

**ESTRATÉGIA** é o **PLANO** de longo prazo para alcançar um objetivo específico, envolvendo a definição de metas e a análise do ambiente. **TÁTICAS** são as **AÇÕES** de curto prazo usadas para executar a estratégia, adaptáveis às circunstâncias imediatas. **A ESTRATÉGIA** define **O QUÊ** e **POR QUÊ**, enquanto a **TÁTICA** específica **COMO** e **QUANDO** realizar as ações.

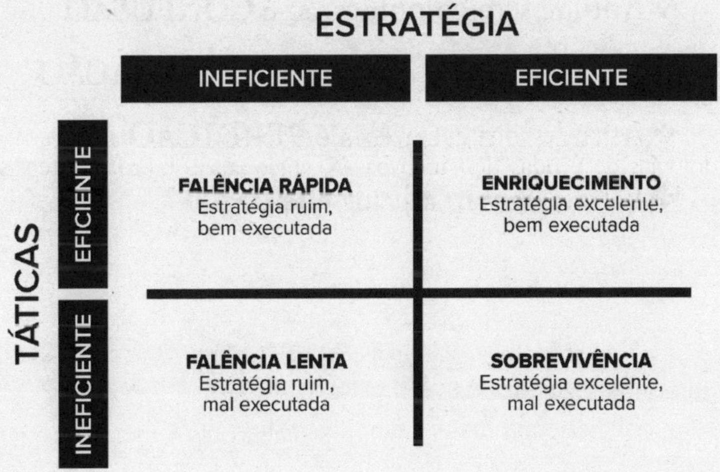

- Atitude sem comunicação é **CONFUSÃO**
- Comunicação sem atitude é **ENROLAÇÃO**
- Atitude sem estratégia é **PERDIÇÃO**
- Estratégia sem atitude é **ILUSÃO**

1

# CHALLENGER SALE

## Como classificar o melhor perfil de vendedor?

Essa estratégia surpreende porque traz uma nova visão sobre aquela famosa e antiga questão: "qual é o melhor perfil de vendedor?". Será que é aquele que é mais carismático, mais atencioso? Ou aquele perfil mais técnico, tipo professor? Ou ainda o que vai direto ao ponto, desafiando o cliente a tomar decisões?

A metodologia de vendas *Challenger Sale* foi introduzida por Matthew Dixon e Brent Adamson no livro *The challenger sale: taking control of the customer conversation*, publicado em 2011. No Brasil, a obra tem o título de *A venda desafiadora*. Essa abordagem revolucionou a maneira como muitas empresas encaram o processo de vendas, especialmente em ambientes B2B (*business-to-business*).

A pesquisa que deu origem ao *The challenger sale* envolveu entrevistas com milhares de representantes de vendas e profissionais de compras em várias indústrias. Dixon e Adamson identificaram cinco perfis de vendedores comuns:

- **Construtor de relacionamentos (*relater*):** este tipo de vendedor concentra-se em construir e manter relacionamentos fortes com os clientes. Eles são conhecidos por sua habilidade em estabelecer conexões pessoais e empatia com os clientes. Os construtores de relacionamentos são amigáveis, acessíveis e focados em criar uma atmosfera de confiança e conforto durante as interações de vendas. São excelentes ouvintes e têm uma abordagem mais passiva em relação à influência sobre as decisões de compra dos clientes.

- **Solucionadores de problemas (*solvers*):** os solucionadores de problemas são vendedores que se destacam em identificar e resolver as necessidades específicas dos clientes. Eles são hábeis em entender os desafios dos clientes e em oferecer soluções personalizadas que atendam às demandas que eles trazem. Os solucionadores de problemas geralmente têm um profundo conhecimento técnico ou especializado em seu produto ou serviço, e são capazes de apresentar suas ofertas de uma maneira clara e convincente.
- **Educadores (*educators*):** os educadores são vendedores que assumem o papel de professores e mentores para seus clientes. Eles fornecem *insights* valiosos, compartilham conhecimentos especializados e educam os clientes sobre as melhores práticas e tendências do setor. São hábeis em fornecer informações relevantes e úteis que ajudam os consumidores a entender melhor seus desafios e oportunidades de negócios.
- **Desafiador (*challenger*):** os desafiadores são vendedores que se destacam em desafiar as perspectivas dos clientes e provocar mudanças em sua maneira de pensar. Eles apresentam novas ideias, *insights* e perspectivas que os clientes não haviam considerado anteriormente. Os desafiadores são habilidosos em guiar os clientes através de discussões desafiadoras e provocativas que os levam a repensar suas estratégias e seus objetivos comerciais.
- **Energizadores (*energizers*):** os energizadores são vendedores que se destacam em trazer energia, entusiasmo e motivação para as interações de vendas. São carismáticos, apaixonados e capazes de contagiar os clientes com sua energia positiva. Os energizadores são excelentes em envolver os clientes e criar um ambiente animado e dinâmico durante as conversas de vendas.

Cada perfil de vendedor tem suas próprias características distintas e habilidades únicas. Enquanto alguns vendedores podem se destacar ao construir relacionamentos fortes, outros podem brilhar ao desafiar as perspectivas dos clientes ou fornecer *insights* valiosos. A chave para o sucesso nas vendas é entender as habilidades individuais de cada perfil e utilizá-las de forma eficaz para influenciar positivamente as decisões de compra dos clientes.

Mas, qual desses cinco perfis costuma ter mais sucesso em vendas? Qual é o melhor? Surpreendentemente, a pesquisa mostrou que os vendedores do perfil desafiador (*challenger*) superavam significativamente os outros quatro tipos em termos de desempenho de vendas.

O conceito central por trás da metodologia é que os vendedores de alto desempenho não são necessariamente aqueles os mais amigáveis ou os que melhor se adaptam às necessidades dos clientes. Em vez disso, os *challengers* são os vendedores que desafiam ativamente as perspectivas dos clientes, trazendo novas ideias, *insights* e perspectivas que fazem com que os clientes repensem suas abordagens e objetivos comerciais. Os motivos são:

- **Capacidade de provocar mudanças**: os vendedores *challengers* são habilidosos em desafiar as perspectivas dos clientes e provocar mudanças na maneira deles de pensar. Eles não apenas respondem às necessidades e demandas dos clientes, mas também apresentam novas ideias, *insights* e perspectivas que não haviam sido considerados anteriormente. Isso permite que os clientes repensem suas estratégias e considerem novas abordagens, muitas vezes levando a vendas mais substanciais e duradouras.
- **Personalização eficaz**: os vendedores *challengers* são capazes de personalizar suas abordagens de vendas de acordo com as necessidades específicas de cada cliente. Eles entendem pro-

fundamente os objetivos, desafios e preocupações dos consumidores e adaptam suas mensagens e soluções de acordo. Essa personalização aumenta a relevância e a eficácia da oferta do vendedor, ampliando, assim, as chances de sucesso nas vendas.

- **Habilidade de controlar a conversa**: os vendedores *challengers* são proficientes em assumir o controle das conversas de vendas, guiando os clientes através do processo de compra de forma proativa. Eles mantêm o foco nos pontos-chave que impulsionam a decisão de compra e evitam se desviar para assuntos menos relevantes. Essa habilidade de controle ajuda a manter o impulso da venda e a garantir que os clientes recebam as informações necessárias para tomar uma decisão informada.

Em resumo, os vendedores *challengers* superam os outros tipos em termos de desempenho de vendas porque são capazes de desafiar as perspectivas dos clientes, oferecer *insights* valiosos, personalizar suas abordagens e controlar efetivamente as conversas de vendas. Essas habilidades combinadas os tornam mais eficazes em influenciar as decisões de compra dos clientes e fechar negócios bem-sucedidos.

2

# SPIN SELLING

## Como fazer perguntas estratégicas aos clientes?

Todo bom vendedor sabe que fazer perguntas é fundamental para uma negociação. Perguntas abertas, que incentivam as pessoas a responderem além do "sim" e "não", ajudam o potencial cliente a criar e revelar suas maiores necessidades. Mas quais perguntas fazer? Como fazer? Desde quando cursei a faculdade de Comunicação, e atuando há anos como jornalista, aprendi cedo que as perguntas são mais importantes do que as próprias respostas. Essa estratégia é um verdadeiro mapa, um guia de como perguntar.

A metodologia de vendas *SPIN Selling* foi desenvolvida pelo autor britânico Neil Rackham na década de 1980. Rackham, juntamente com sua equipe da Huthwaite Corporation, realizou uma extensa pesquisa sobre o processo de vendas em diferentes setores e países. O objetivo era entender o que os melhores vendedores faziam de forma diferente para obterem sucesso em suas vendas.

A pesquisa envolveu a análise de milhares de transações de vendas em diversos setores, incluindo manufatura, serviços, tecnologia e outros. Ela buscava identificar padrões comuns entre os vendedores de alto desempenho que os diferenciavam dos menos bem-sucedidos.

Após anos de estudo e análise, Rackham e sua equipe identificaram um conjunto específico de técnicas que os melhores vendedores empregavam de forma consistente. Essas técnicas foram resumidas em uma metodologia sistemática que veio a ser conhecida mundialmente como *SPIN Selling*.

O termo *SPIN* é um acrônimo que representa as quatro etapas-chave do processo de vendas, perguntas que devem ser realizadas: Situação, Problema, Implicação e Necessidade de solução. Rackham descobriu que os vendedores mais eficazes não apenas tentavam vender seus produtos ou serviços, mas também buscavam entender profundamente as necessidades e preocupações de seus clientes.

O *SPIN Selling* se destacou como uma abordagem eficaz porque enfatizava a importância de fazer perguntas inteligentes e direcionadas durante o processo de vendas. Ao invés de simplesmente tentar convencer os clientes a comprar, os vendedores que seguiam a metodologia focavam em entender os problemas e desafios enfrentados pelos clientes e apresentavam soluções que realmente os beneficiavam.

A popularidade do *SPIN Selling* cresceu rapidamente à medida que mais empresas reconheceram seus benefícios e começaram a treinar seus vendedores nessa abordagem. Hoje, o *SPIN Selling* é amplamente reconhecido como uma das metodologias de vendas mais eficazes e é ensinado em programas de treinamento de vendas em todo o mundo.

Vamos explorar como cada uma dessas etapas funciona:

❖ **Situação (S)**: nesta fase, o vendedor busca compreender a situação atual do cliente. Isso envolve fazer perguntas para obter informações sobre a empresa, sobre seus desafios, processos, metas e outros aspectos relevantes. O objetivo é estabelecer um contexto claro para a conversa de vendas, permitindo que o vendedor adapte sua abordagem de acordo com as circunstâncias específicas do cliente. Exemplos de perguntas de situação incluem:

- *Como sua empresa lida com (problema específico) atualmente?*

- *Quais processos ou sistemas vocês estão utilizando para (atividade específica)?*
- *Qual é o tamanho da sua equipe de (departamento específico)?*

❖ **Problema (P)**: uma vez que o contexto tenha sido estabelecido, o vendedor passa a explorar os problemas ou desafios enfrentados pelo cliente. Isso é feito por meio de perguntas que ajudam a identificar as dores do cliente e as áreas onde ele está enfrentando dificuldades. O foco aqui não é apenas entender os problemas, mas também descobrir a extensão e o impacto desses problemas na operação ou nos resultados do cliente. Exemplos de perguntas de problema incluem:

- *Quais são os maiores obstáculos que você enfrenta ao tentar alcançar (objetivo específico)?*
- *Quais são as principais preocupações ou desafios que você enfrenta com (processo específico)?*
- *Quais são as consequências negativas de não resolver (problema específico)?*

❖ **Implicação (I)**: após identificar os problemas, o vendedor explora as implicações ou consequências desses problemas para o cliente. Isso envolve fazer perguntas que ajudam o cliente a entender o impacto negativo que os problemas estão causando em sua empresa, equipe, nos resultados financeiros, na reputação, entre outros aspectos. O objetivo é aumentar a conscientização do cliente sobre a urgência de resolver esses problemas. Exemplos de perguntas de implicação incluem:

- *Como a atual situação afeta suas operações diárias?*
- *Qual é o custo financeiro de continuar enfrentando esse problema?*

- *Quais são os riscos para o seu negócio se essa situação não for resolvida?*

❖ **Necessidade de solução (N)**: finalmente, o vendedor apresenta a solução ao cliente. Isso é feito destacando como o produto ou serviço oferecido pode resolver os problemas identificados e aliviar as implicações negativas para o cliente. O vendedor demonstra como a solução atende às necessidades específicas do cliente de uma maneira que agregue valor significativo. O foco está em mostrar ao cliente como a solução é relevante e benéfica para eles. Exemplos de perguntas de necessidade de solução incluem:

- *Como você acha que nossa solução poderia ajudar a resolver (problema específico)?*
- *Quais benefícios você vê em implementar uma solução como a nossa?*
- *Que impacto positivo você espera ver em sua empresa após a implementação da nossa solução?*

Ao longo de todo o processo, o vendedor deve adotar uma abordagem consultiva, ou seja, focada em entender as necessidades do cliente e oferecer soluções que agreguem valor genuíno. Isso significa fazer perguntas cuidadosamente planejadas, ouvir atentamente as respostas do cliente e adaptar a abordagem de vendas conforme necessário.

No Portal ON, minha empresa de portais de notícias, utilizo o SPIN para conduzir as negociações com os futuros anunciantes dos sites. Meus clientes, em sua maioria, são empresários, comerciantes e autônomos, que precisam anunciar seus negócios e aumentar suas vendas. Minhas perguntas são as seguintes:

- **Situação**: como estão as suas vendas? *(No meu caso, eu sei que eles sempre dizem que as vendas estão "ruins" ou "boas", mas que sempre podem melhorar).*
- **Problema**: quais estratégias você tem adotado para aumentar as vendas? *(Normalmente, eles não possuem uma estratégia bem-sucedida, e já se frustraram bastante).*
- **Implicação**: quais resultados mensuráveis/reais essas estratégias têm alcançado? *(Meus clientes, nesse ponto, revelam e lamentam seus resultados, que não são tão bons).*
- **Necessidade de solução**: como a sua empresa aumentaria as vendas se tivesse à disposição uma equipe profissional de marketing, além de um canal de divulgação com mais de um milhão de visualizações por mês? *(A última pergunta tem o objetivo de sempre trazer uma esperança ao potencial comprador, a confirmação de que o produto vai cumprir o prometido).*

# 3

# STORYSELLING

## Como histórias ajudam a vender?

Todos gostam de histórias. Desde pequenos, homens e mulheres se encantam com contos de fadas, príncipes e princesas. Os brasileiros são os maiores consumidores de novelas do mundo. A teledramaturgia nacional produz e exporta histórias para mais de 180 países há décadas. Histórias ajudam a conectar pessoas, criam e fortalecem relacionamentos e podem ajudar a aumentar as suas vendas.

A técnica de *Storyselling* combina os elementos da narrativa com o objetivo de vender um produto ou serviço. Essencialmente, trata-se de contar histórias que não apenas capturam a atenção do público, mas que também são estrategicamente estruturadas para conduzir vendas. Em vez de focar diretamente na venda, o *Storyselling* se concentra em envolver emocionalmente os consumidores e criar uma conexão com a marca ou com o produto por meio de uma história relevante.

A principal diferença entre *Storyselling* e *Storytelling* reside no objetivo final de cada técnica. *Storytelling* é a arte de contar histórias com o propósito de engajar, educar ou entreter o público, sem uma intenção comercial explícita, como as novelas. É utilizado para construir conexões emocionais, transmitir valores ou simplesmente contar uma história interessante. Em contraste, o *Storyselling* também usa a narrativa, mas com o objetivo específico de persuadir o público a tomar uma ação comercial, como comprar um produto ou serviço. Nesse caso, a história é cuidadosamente estruturada para destacar os benefícios do que está sendo vendido e conduzir o público a uma conversão ou venda, integrando chamadas para ação claras e diretas.

A campanha da Apple intitulada "1984" é um dos exemplos mais icônicos de *Storyselling* na história da publicidade. Criado pela agência Chiat/Day e dirigido por Ridley Scott, que já tinha em seu currículo filmes como *Blade Runner*, o comercial foi veiculado durante o *Super Bowl* de 1984. O objetivo era lançar o novo computador Macintosh da Apple.

O comercial faz uma alusão direta ao romance distópico *1984,* de George Orwell, que descreve uma sociedade totalitária controlada por uma figura autoritária chamada "Grande Irmão". Na peça publicitária, essa sociedade é representada por fileiras de pessoas sem expressão, vestidas de maneira uniforme, assistindo a uma mensagem transmitida em um grande telão por um líder tirânico, simbolizando a conformidade e o controle exercido pelo mundo da computação dominado, na época, pela IBM.

No comercial, uma jovem atlética, representando a Apple, corre em direção ao auditório onde a mensagem está sendo transmitida. Ela é perseguida por guardas de segurança (que representa a polícia do pensamento de Orwell), mas consegue chegar ao auditório e lança um martelo contra a tela, que explode, surpreendendo o público que assistia.

O *slogan* aparece no final: "Em 24 de janeiro, a Apple Computer apresentará o Macintosh. E você verá porque 1984 não será como *1984*." A mensagem clara era que o Macintosh estava introduzindo algo revolucionário e desafiador no cenário tecnológico, prometendo libertar os consumidores da mundanidade e da opressão, representadas pelos PCs dominados pela concorrente.

O comercial foi um sucesso retumbante, não apenas por seu impacto visual e narrativo, mas também pela maneira como posicionou a Apple como uma inovadora e revolucionária empresa na indústria de tecnologia. A campanha é frequentemente citada como um marco na publicidade e um brilhante exemplo de como usar o *Storyselling* para transformar um produto em um fenômeno cultural.

A técnica do *Storyselling* pode ser utilizada de maneira estratégica por todos os vendedores. A seguir estão quatro tipos de histórias que ajudam a vender:

- **História da empresa:** os clientes gostam de comprar de empresas que conhecem e confiam. Histórias que contam a trajetória, origem, desafios e conquistas das marcas tendem a gerar uma conexão emocional com os potenciais consumidores.
- **História do produto:** contar a história de um produto ou serviço reforça a trajetória e a jornada de melhoria e progresso daquilo que está sendo oferecido. Valoriza os benefícios e diferenciais que podem impactar a vida dos clientes.
- **História do vendedor:** a história pessoal do vendedor é uma poderosa ferramenta de persuasão. Os clientes gostam de comprar de pessoas e de ter um atendimento o mais personalizado e humanizado possível.
- **História de clientes:** o gatilho mental da prova social tem sido um dos mais bem-sucedidos dentro da estratégia de *Storyselling*. Conte casos reais de clientes que foram resistentes antes da compra, mas que se tornaram consumidores fiéis e recorrentes.

4

# UP SELLING

## Como fazer o cliente investir mais?

Dentro das vendas existe uma máxima que diz que o cliente que paga mil reais pode pagar 1.200 reais. Ou seja, ele sempre pode pagar um pouco mais. Essa técnica não aborda somente a questão de fazer o cliente investir mais. Ela incentiva e mostra aos potenciais consumidores as vantagens de se adquirir produtos e serviços que possuem mais benefícios.

*Up Selling* é uma estratégia de vendas amplamente utilizada, que visa encorajar os clientes a adquirirem versões mais caras, avançadas ou enriquecidas de produtos ou serviços que já estão interessados em comprar. Essa técnica não só aumenta o valor médio das vendas, mas também pode melhorar a satisfação do cliente ao fornecer soluções mais completas ou de maior qualidade que atendam melhor às suas necessidades.

A técnica funciona de maneira mais assertiva quando o cliente já escolheu o produto ou serviço que pretende comprar. A venda já está garantida e o vendedor, então, oferece um *upgrade* para o cliente. Em alguns casos, o contrato da venda já está até assinado, quando outro atendente entra em ação e oferece o *plus*. Foi o que aconteceu comigo quando comprei um carro e, no dia seguinte, a concessionária me ligou oferecendo um sistema de som mais moderno do que aquele que estava incluso no pacote inicial.

A implementação do *Up Selling* começa com a identificação precisa das necessidades e preferências do cliente, muitas vezes obtida através de interações diretas, análise de dados de compras anteriores, ou comportamentos observados durante a navegação em uma plataforma on-line. Com essas informações, vendedores ou sistemas automatizados podem sugerir produtos ou serviços que representem um *upgrade* em relação à escolha inicial do consumidor. Por exemplo, se um cliente está considerando a compra de um modelo básico de *smartphone*, o vendedor pode destacar as vantagens de optar por um modelo com mais armazenamento ou melhores câmeras, explicando como essas características podem beneficiar o usuário a longo prazo.

Além de simplesmente apresentar opções mais caras, o *Up Selling* eficaz envolve demonstrar o valor adicional desses produtos superiores. Isso pode incluir a explicação de como um aumento de desempenho ou de recursos pode resultar em uma experiência de usuário mais satisfatória ou em economias futuras, por exemplo, através de uma maior durabilidade ou eficiência. Técnicas de persuasão como ofertas limitadas no tempo ou demonstrações práticas do produto também são frequentemente utilizadas para incentivar o cliente a fazer uma escolha mais imediata e de maior valor.

Um exemplo famoso de uma empresa que utiliza a técnica de *Up Selling* é a Apple. A gigante é conhecida por oferecer versões atualizadas e mais caras de seus produtos, como *iPhones*, iPads e MacBooks, durante o processo de compra.

Quando os clientes selecionam um produto no site da Apple ou em suas lojas físicas, geralmente são apresentados com opções para configurar ou atualizar componentes do dispositivo, como mais espaço de armazenamento, maior capacidade de RAM, ou um processador mais rápido. Por exemplo, ao comprar um *iPhone*, a Apple sugere modelos com mais capacidade de armazenamento, o que resulta em um preço mais alto. Essa prática não apenas aumenta o valor médio da venda, mas também personaliza a experiência do usuário, oferecendo produtos que atendem melhor às suas necessidades específicas.

Além disso, a Apple frequentemente introduz recursos exclusivos em seus modelos mais caros, como melhores câmeras ou *displays* de maior qualidade, o que incentiva os consumidores a optar pela versão mais avançada e, consequentemente, mais cara. Isso demonstra como o *Up Selling* pode ser integrado de maneira eficaz e discreta no processo de escolha do cliente, aumentando as receitas sem comprometer a satisfação do cliente.

Ao aplicar a técnica de *Up Selling* de forma eficaz, há várias dicas que podem ajudar a maximizar tanto o valor da venda quanto a satisfação do cliente. A seguir estão três dicas fundamentais:

- **Conheça bem o seu cliente e seu produto:** antes de tentar o *Up Selling*, é crucial entender as necessidades, preferências e o comportamento de compra do cliente. Isso envolve escutar atentamente durante as interações para captar dicas sobre o que o cliente valoriza. Além disso, ter um conhecimento dos detalhes e benefícios de cada produto ou serviço oferecido permite que você identifique e sugira *upgrades* que se alinhem verdadeiramente com as necessidades do cliente.
- **Destaque os benefícios tangíveis:** ao realizar um *Up Selling*, é importante focar em como o produto ou serviço superior pode trazer benefícios reais e percebidos para o cliente. Explique as vantagens de forma clara e específica, destacando funcionalidades, economias futuras, melhor desempenho, e outros aspectos que agreguem valor.
- **Use uma abordagem suave e não seja insistente:** o *Up Selling* deve ser feito de forma consultiva, sugerindo opções sem pressionar o cliente. É importante manter uma postura de ajudar o cliente a fazer a melhor escolha para suas necessidades, em vez de simplesmente tentar aumentar o valor da venda. Oferecer opções de *Up Selling* como meras sugestões que eles podem considerar, em vez de imperativos, ajuda a manter uma experiência de compra positiva e aumenta as chances de o cliente voltar no futuro.

5

# CROSS SELLING

## Como fazer o cliente comprar mais?

Se você já foi ao McDonald's, certamente aplicaram essa estratégia e você nem percebeu. *Cross Selling* é uma estratégia que envolve a venda de produtos ou serviços adicionais aos clientes além daquilo que eles inicialmente planejavam comprar. O objetivo é aumentar o valor da compra, ao oferecer itens complementares que enriqueçam a experiência com o produto principal ou que sejam úteis de forma associada. Essa técnica não só aumenta as receitas, mas também pode melhorar a satisfação do cliente ao proporcionar uma solução mais completa e conveniente.

É uma técnica semelhante ao *Up Selling*, mas se diferencia ao oferecer produtos complementares ao item principal que o cliente está comprando. Esses produtos adicionais são desenhados para serem usados juntamente com o item principal, enriquecendo a experiência do usuário e aumentando a conveniência, como sugerir uma capa de telefone ao comprar um novo *smartphone*.

O McDonald's, e quase todas as redes de *fast food*, utilizam a técnica de maneira muito eficaz ao vender seus lanches, aplicando uma estratégia que estimula os clientes a adicionar itens complementares ao pedido principal. Quando um cliente escolhe um hambúrguer, por exemplo, os atendentes frequentemente sugerem a adição de batatas fritas e uma bebida, muitas vezes promovendo a compra como parte de uma "refeição" ou "combo", que inclui o lanche, a batata frita e a bebida a um preço mais vantajoso do que se fossem comprados separadamente.

Para implementar o *Cross Selling* de forma eficaz, é importante que os vendedores compreendam bem os produtos e como eles se relacionam entre si. Por exemplo: ao vender uma câmera, um vendedor pode sugerir a compra de uma bolsa para a câmera, um cartão de memória adicional ou uma lente extra. Esses produtos complementam a compra original, agregando valor sem parecer forçado ou irrelevante. É essencial que os itens sugeridos sejam genuinamente úteis e pertinentes às necessidades e aos interesses do cliente, para que se evite a impressão de que a recomendação é meramente uma tentativa de aumentar o faturamento.

Além de aumentar as vendas, o *Cross Selling* pode fortalecer a relação com o cliente ao transformar uma única transação em uma experiência de compra mais ampla e satisfatória. Por meio dessa estratégia, as empresas podem melhorar sua oferta de serviços, garantindo que o cliente saia com tudo o que precisa, o que pode aumentar a lealdade e a probabilidade de retornos futuros. Quando aplicado com consideração e foco no valor ao consumidor, o *Cross Selling* torna-se uma ferramenta poderosa para empresas em busca de crescimento sustentável.

Um exemplo famoso de *Cross Selling* é a estratégia utilizada pela Amazon com sua seção "Clientes que compraram este item também compraram". Essa abordagem efetivamente apresenta aos compradores uma série de produtos relacionados ou complementares ao item que estão visualizando ou adicionando ao carrinho. Por exemplo: se um cliente está comprando um livro, a Amazon pode sugerir outros livros do mesmo autor, do mesmo gênero ou que outros compradores que adquiriram o livro original também compraram. Essa técnica não apenas aumenta o volume de vendas, mas também melhora a experiência do usuário ao facilitar a descoberta de novos produtos que possam ser do seu interesse; tudo baseado em padrões de compra de outros clientes, o que adiciona uma camada de personalização e recomendação inteligente ao processo de compra.

A seguir estão três dicas eficazes para utilizar a técnica de *Cross Selling* ao fazer uma venda:

- **Ofereça produtos complementares relevantes:** certifique-se de que os produtos que você está sugerindo como adição ao item principal sejam genuinamente complementares e relevantes para as necessidades do cliente. Por exemplo: se um cliente está comprando uma câmera digital, ofereça acessórios como bolsas para câmera, cartões de memória ou tripés. Isso não só aumenta a utilidade do produto principal, como também mostra que você está atento às necessidades e ao uso final do cliente, aumentando a chance de uma venda adicional.
- **Crie pacotes ou combos atraentes:** agrupe produtos complementares de uma forma que ofereça um melhor custo-benefício para o cliente. Pacotes e combos não apenas simplificam o processo de compra, mas também podem ser percebidos como ofertas de valor agregado. No caso de uma loja de eletrônicos, por exemplo, oferecer um pacote de computador, mouse, teclado e monitor pode ser mais atraente do que vender cada item separadamente.
- **Utilize técnicas visuais e posicionamento estratégico no ponto de venda:** no ambiente físico, coloque produtos complementares perto uns dos outros para que seja natural para o cliente considerá-los juntos. Em uma loja de roupas, por exemplo, exiba acessórios como cintos e bolsas próximos aos itens de vestuário. Em um ambiente on-line, use algoritmos ou seções de recomendação para mostrar itens relacionados que outros clientes compraram ou que complementam o produto visualizado.

Essas dicas ajudam a maximizar as oportunidades de *Cross Selling*, ao mesmo tempo em que aprimoram a experiência de compra do consumidor, tornando-a mais conveniente e personalizada.

# 6

# DISC

## Como identificar o perfil comportamental das pessoas?

Em meus treinamentos e palestras, esta estratégia é um sucesso. O público fica encantado com o poder que ela possui. E quando eu digo "poder" me refiro a algo realmente extraordinário. Imagine você conseguir interpretar e identificar o perfil psicológico de quem está na sua frente. Conseguir entender de maneira assertiva como essa pessoa "funciona" em menos de 15 segundos de conversa? Bem-vindo ao DISC.

Esta metodologia é uma ferramenta de análise comportamental amplamente utilizada para entender as diferenças nos comportamentos e estilos de comunicação das pessoas. Este modelo foi baseado no trabalho do psicólogo William Moulton Marston nos anos 1920 e, mais tarde, desenvolvido em uma ferramenta de avaliação comportamental por outros teóricos. Segundo essa metodologia, as pessoas são divididas em quatro tipos comportamentais: *dominance* (D), *influence* (I), *steadiness* (S) e *conscientiousness* (C).

No mundo das vendas, os perfis foram adaptados e traduzidos para: pragmático (D), expressivo (I), afável (S) e analítico (C). Conhecer e saber identificar cada um deles é uma estratégia poderosa para as negociações, pois, uma vez que o vendedor identifica o perfil do potencial cliente, pode adaptar a abordagem de maneira personalizada e mais persuasiva. Um erro comum entre vendedores iniciantes é tratar todos da mesma maneira. A abordagem a uma pessoa com perfil pragmático deve ser completamente diferente à com um afável. Veja a seguir como cada perfil se comporta:

- **Pragmático:** é conhecido por sua abordagem racional e objetiva, focando claramente na busca por resultados. Esse perfil se destaca por ser rápido em suas ações e decisões, sempre direto ao ponto. Com uma forte iniciativa, os pragmáticos não hesitam em liderar projetos e tomar decisões cruciais. Eles são notavelmente exigentes e impacientes, especialmente quando os progressos não atendem às suas expectativas de eficiência e eficácia. Além disso, têm uma grande disposição para competir, pois gostam de ganhar e valorizam o tempo, procurando sempre maximizar a produtividade e minimizar os desperdícios em qualquer situação.
- **Expressivo:** é marcado por ser extremamente emotivo e entusiasmado, trazendo energia e dinamismo para todas as suas interações. Esse perfil é rápido tanto em pensamento quanto em ação, e é frequentemente espontâneo e impulsivo. Com uma habilidade naturalmente comunicativa, é eficaz em captar a atenção e envolver os outros, muitas vezes utilizando sua criatividade para influenciar e inspirar. Pessoas com esse perfil são também calorosas e proativas, e valorizam a exclusividade, desejando se destacar e serem reconhecidas por suas contribuições únicas. A combinação dessas características faz do expressivo um indivíduo vibrante e carismático, capaz de motivar e animar grupos com sua presença e seu discurso.
- **Afável:** é caracterizado por ser emotivo e sensível, com uma abordagem compreensiva e acolhedora nas interações pessoais. Pessoas com esse perfil tendem a ser lentas e não têm pressa em suas ações, priorizam a qualidade das relações e a harmonia sobre a velocidade ou a eficiência. O afável gosta de atenção e valoriza ser ouvido e apoiado pelos outros, frequentemente mostrando-se inseguro ao tomar decisões sozi-

nho. Esse perfil é conhecido por evitar confrontos, e prefere soluções pacíficas e consensuais que minimizem os conflitos e mantenham o ambiente tranquilo. Além disso, pessoas afáveis muitas vezes têm dificuldade em dizer não, devido ao seu desejo de agradar e de manter relacionamentos positivos.

❖ **Analítico:** é caracteristicamente racional e metódico, priorizando uma abordagem baseada em análise e precisão. Esses indivíduos são lentos em suas ações e reações, pois valorizam uma tomada de decisão cuidadosa, controlada e bem fundamentada em dados e provas. Sua busca por dados é uma característica marcante, estão sempre em busca de informações detalhadas antes de proceder com algo. Eles não se arriscam, preferindo aderir a métodos conhecidos e evitar incertezas. Esse perfil é extremamente observador, capaz de notar detalhes que outros podem perder, e sabe argumentar de forma lógica e convincente, com o uso de fatos e dados para apoiar suas posições.

**Como identificar qual é o perfil de uma pessoa:**

O DISC possui um teste técnico e validado, muitas vezes utilizado por psicólogos e outros profissionais da área de maneira mais precisa e real. No entanto, há uma estratégia capaz de identificar o perfil de uma pessoa de maneira mais rápida e superficial, com uma precisão de aproximadamente 80%.

Para isso, você deve avaliar duas características presentes na comunicação de uma pessoa:

❖ **Velocidade:** qual é a velocidade na comunicação dela? Fala de maneira rápida ou lenta? Fala bastante ou pouco? Se expressa com facilidade ou timidez?

❖ **Sentimento:** ela expressa sentimentos com facilidade? Sorri ou chora? É mais emotiva ou mais racional? É mais carismática ou mais séria?

Identificando essas duas características, é possível dizer se uma pessoa é mais pragmática do que afável, por exemplo. Veja:

- *Rápido + racional =* ***pragmático***
- *Rápido + emotivo =* ***expressivo***
- *Lento + emotivo =* ***afável***
- *Lento + racional =* ***analítico***

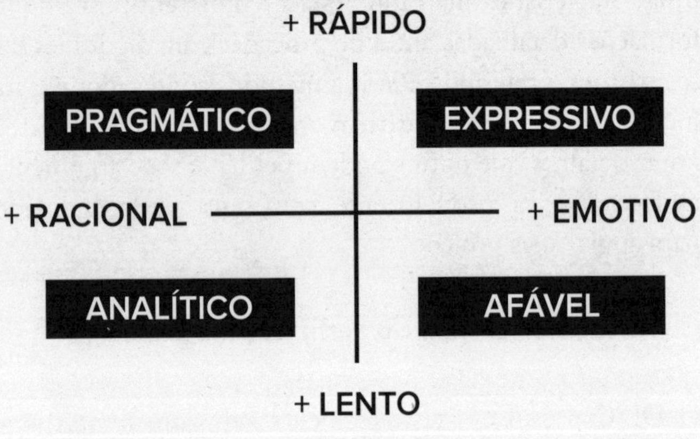


**Como vender para cada perfil:**

❖ **Pragmático:** seja conciso e direto, e evite prolixidade e excesso de dados. Uma abordagem firme e confiante é preferida, com foco em como o produto ou serviço pode otimizar tempo e custos para o pragmático. É importante evitar apelos emocionais, optando por argumentos lógicos e práticos. Mostrar os benefícios claros e as vantagens econômicas é crucial, e uma pressão moderada pode ser aplicada para destacar as perdas potenciais de não fechar o negócio. Essa abordagem direta e orientada a resultados tende a ser mais eficaz com indivíduos pragmáticos.

❖ **Expressivo:** valorize o relacionamento e dê atenção especial às suas contribuições e personalidade. Faça-o sentir especial e único, reconhecendo suas atitudes e afagando seu ego através de elogios sinceros. É importante não interrompê-lo, permitindo que expresse suas ideias livremente, o que fortalece o vínculo e a receptividade à negociação. Embora expressivos respondam bem a uma conexão pessoal, uma pressão leve e positiva pode ser aplicada para encorajar a decisão, sempre mantendo o foco na valorização do seu papel e impacto na decisão final.

❖ **Afável:** seja atencioso e crie uma atmosfera de confiança e amizade. Ouça suas histórias com interesse e sem pressa, valorizando o tempo compartilhado. É benéfico oferecer aconselhamentos úteis e mostrar testemunhos de outros clientes que reforcem a confiabilidade e a trajetória sólida da empresa. Transmitir como sua empresa é confiável e deixar seu telefone para qualquer dúvida futura também ajudam a construir uma relação duradoura. Evite qualquer tipo de pressão agressiva, pois o perfil afável responde melhor a uma abordagem gentil e amigável, que reforce o senso de comunidade e suporte mútuo.

❖ **Analítico:** adote uma abordagem paciente e detalhista. Foque nos números e apresente pesquisas que respaldem seu produto ou serviço, pois analíticos valorizam dados concretos e informações detalhadas. É importante discutir minuciosamente as características e os benefícios, com uso de testemunhos de clientes que confirmem a eficácia e a qualidade do que está sendo oferecido. Evite pressionar por uma decisão rápida; em vez disso, dê ao analítico o tempo necessário para absorver e ponderar as informações apresentadas, facilitando uma decisão bem informada baseada em lógica e evidência.

7

# NET PROMOTER SCORE

## Como fazer a grande pergunta definitiva?

Imagine se existisse uma única pergunta capaz de avaliar e responder o grau de satisfação dos clientes. Uma questão simples que, se aplicada de forma correta, trouxesse um valioso *feedback* aos vendedores e empresários. Esta é a proposta dessa comprovada estratégia.

O *Net Promoter Score* (NPS) é uma métrica desenvolvida para avaliar a lealdade dos clientes de uma empresa com base em suas recomendações. O conceito de NPS foi introduzido por Fred Reichheld em 2003, em um artigo publicado na *Harvard Business Review*. Ele ficou famoso ao escrever e publicar o livro *A pergunta definitiva 2.0: como as empresas que implementam o Net Promoter Score prosperam em um mundo voltado aos clientes*.

Reichheld iniciou sua pesquisa para encontrar uma pergunta que pudesse prever a lealdade do cliente e, por extensão, o crescimento orgânico de uma empresa. Após testar várias perguntas e métodos, ele descobriu que uma simples pergunta sobre a probabilidade de os clientes recomendarem a empresa a um amigo ou colega era o indicador mais forte da lealdade do cliente. Essa descoberta levou à criação do NPS.

O *Net Promoter Score* é calculado com base nas respostas a uma única pergunta: "Em uma escala de 0 a 10, quão provável é que você recomende nossa empresa/produto/serviço a um amigo ou colega?". Com base nas respostas, os clientes são classificados em três categorias:

- **Promotores (9-10):** são clientes leais, que continuarão comprando e recomendarão a empresa a outros, impulsionando o crescimento.
- **Neutros (7-8):** são clientes satisfeitos, mas não entusiasmados, que são vulneráveis a ofertas competitivas.
- **Detratores (6):** são clientes insatisfeitos, que podem prejudicar a marca e o crescimento da empresa por meio de *feedback* negativo.

Para calcular o NPS, subtrai-se a porcentagem de detratores da porcentagem de promotores. O resultado é um número, entre -100 e 100, chamado *Net Promoter Score*. Um exemplo do cálculo:

Se 50% dos respondentes forem promotores e 10% forem detratores, o NPS será 40 (50% – 10% = 40%).

O NPS é amplamente usado em muitos setores como uma métrica de satisfação do cliente e lealdade. Empresas usam o NPS para medir e acompanhar como os consumidores percebem a qualidade de seu serviço ou produto, identificar áreas de melhoria nos produtos ou serviços, comparar desempenho com os concorrentes e prever o crescimento dos negócios com base na lealdade dos clientes.

Empresas de sucesso como Apple, Amazon e outras utilizam o NPS como uma ferramenta estratégica para melhorar continuamente a experiência do cliente. A simplicidade e a eficácia da métrica tornaram o NPS uma das ferramentas de *benchmarking* de lealdade do cliente mais populares no mundo dos negócios hoje.

O *Net Promoter Score* é uma ferramenta poderosa não apenas para medir a satisfação do cliente, mas também para orientar estratégias de vendas e marketing que podem impulsionar o crescimento das vendas. Embora o NPS seja primariamente uma métrica de lealdade e satisfação do cliente, ele oferece diversos benefícios diretos e indiretos para os vendedores. Vamos explorar como o NPS pode ajudar vendedores a aumentarem suas vendas:

- **Identificação de promotores e oportunidades de vendas adicionais:** os promotores (clientes que dão uma nota de 9 ou 10) são altamente satisfeitos e leais. Eles são mais propensos a comprar novamente ou a adquirir produtos ou serviços adicionais. Os vendedores podem usar as informações do NPS para identificar esses promotores e abordá-los com oportunidades de vendas adicionais, como *Cross Selling* e *Up Selling*, oferecendo produtos complementares ou *upgrades* que podem ser de interesse devido à sua alta satisfação e lealdade prévia.
- **Transformação de passivos em promotores:** clientes classificados como neutros (notas 7 ou 8) são geralmente satisfeitos, mas não suficientemente entusiasmados para promover ativamente a empresa. Vendedores podem usar o *feedback* desses clientes para entender o que falta para transformá-los em promotores. Isso pode incluir a melhoria do serviço de atendimento, ajustes no produto ou serviços adicionais. Ao elevar a experiência desses clientes, os vendedores podem aumentar a probabilidade de eles se tornarem promotores, resultando em mais vendas e recomendações.
- **Resolução proativa de problemas dos detratores:** detratores (notas 0 a 6) podem prejudicar a imagem da empresa através de críticas negativas, desencorajando potenciais compradores. Os vendedores podem usar o *feedback* dos detratores para resolver proativamente problemas e transformar experiências negativas em positivas. Ao demonstrar compromisso com a melhoria e a satisfação do cliente, vendedores podem não apenas potencialmente converter detratores em promotores, mas também prevenir danos à reputação da marca.

- **Refinamento da abordagem de vendas:** o *feedback* coletado através do NPS pode fornecer *insights* valiosos sobre as preferências e aversões dos clientes em relação aos produtos ou serviços. Esses *insights* permitem que os vendedores ajustem suas abordagens e estratégias de vendas para se alinharem melhor com as expectativas do cliente. Essa personalização pode aumentar a eficácia das vendas e a satisfação do cliente, levando a uma maior fidelidade e mais vendas no futuro.
- **Melhoria contínua:** ao monitorar o NPS ao longo do tempo e reagir ao *feedback* dos clientes, as empresas podem continuamente melhorar seus produtos e serviços. Vendedores que estão cientes dessas melhorias podem comunicá-las efetivamente aos clientes, reforçando a percepção de valor e compromisso da empresa com a excelência.
- **Reforço da lealdade do cliente:** promover um alto NPS e compartilhar esses resultados com os clientes pode reforçar a confiança na marca. Os clientes que veem que uma empresa é bem avaliada por outros tendem a se sentirem mais confiantes em suas decisões de compra, o que pode levar a taxas de conversão mais altas.

Em resumo, o NPS oferece aos vendedores uma ferramenta estratégica para melhorar a satisfação do cliente e ajustar as estratégias de vendas, além de aumentar as vendas através da promoção da lealdade e recomendações positivas dos clientes.

# 8

# RAPPORT

## Como criar conexão verdadeira com as pessoas?

Antes de comprar um produto ou serviço, o potencial cliente tem que "comprar" o vendedor. Ou seja, primeiro o consultor deve conquistar a atenção e a confiança do cliente, depois negociar o produto em si. Essa é a proposta dessa antiga estratégia, que tem guiado profissionais do mundo todo.

No mundo das vendas, a capacidade de estabelecer uma conexão genuína com os clientes é uma habilidade que pode fazer toda a diferença entre uma transação comum e uma venda extraordinária. É aqui que entra em cena o *Rapport*, uma técnica fundamental e amplamente reconhecida.

Mais do que uma simples técnica de vendas, ela é uma arte, uma habilidade essencial para todo vendedor que deseja construir relacionamentos sólidos e duradouros com seus clientes. Em essência, ele refere-se à capacidade de criar uma conexão harmoniosa e de confiança mútua com outra pessoa. Envolve estabelecer uma sintonia emocional e uma compreensão mútua que faz com que o cliente se sinta verdadeiramente compreendido e valorizado.

O filme *Sem Limites* (*Limitless*, 2011), protagonizado por Bradley Cooper, mostra como o *Rapport* pode criar uma conexão imediata. O personagem principal vive uma vida de fracassos e descobre uma droga capaz de dar a ele uma superinteligência. Em uma das cenas iniciais, o homem é abordado de maneira grosseira e estúpida pela dona do apartamento que ele mora. Ela cobra o aluguel atrasado e diz palavras duras e humilhantes.

O homem, que já está sob o efeito da droga, age de maneira extremamente eloquente e carismática, usa sua habilidade recém-adquirida para manipular a situação a seu favor. Ele se comporta de maneira calma e confiante, adotando uma postura e tom de voz que são tranquilos e assertivos, refletindo uma empatia estratégica. Ele valida as preocupações dela, expressando entendimento sobre sua frustração, e rapidamente oferece uma solução que também beneficia a ele mesmo, prometendo não apenas pagar o aluguel atrasado, mas também antecipar os próximos pagamentos.

Essa cena é um exemplo clássico de como o *Rapport* pode transformar uma situação potencialmente adversa em uma oportunidade, fazendo com que a dona do apartamento se sinta ouvida, respeitada e tranquilizada.

Dominar a técnica do *Rapport* não é apenas uma habilidade útil para vendedores; é uma ferramenta essencial para o sucesso no mundo das vendas. Ao desenvolver a capacidade de criar conexões autênticas e significativas com os clientes, os vendedores podem não apenas aumentar suas taxas de conversão, mas também construir relacionamentos duradouros que beneficiarão tanto eles quanto seus clientes a longo prazo.

Embora não haja um único criador do conceito, o *Rapport* tornou-se uma parte fundamental das práticas de vendas, graças ao seu reconhecimento como uma estratégia eficaz para construir relacionamentos sólidos com os clientes. O termo vem do francês e significa uma relação de harmonia e afinidade entre duas pessoas.

Muitos especialistas em vendas, treinadores e consultores contribuíram para popularizar e aprimorar as técnicas de *Rapport* ao longo do tempo, adaptando-as para diferentes contextos e necessidades específicas de vendas. Dominar essa estratégia requer habilidades de comunicação sólidas e uma compreensão profunda das necessidades e desejos do cliente. Aqui estão algumas estratégias práticas para desenvolver *Rapport* de forma autêntica:

- **Espelhamento:** sincronize sua linguagem corporal com a do cliente. De maneira sutil, imite a forma como ele se movimenta. Isso cria uma sensação de familiaridade e conforto.
- **Calibragem:** assim como é importante a sincronização dos gestos, o tom da voz também deve ser igual. Siga o ritmo do interlocutor; se ele fala rápido, você também deve falar.
- **Nome:** repita várias vezes o nome dele. O nome de uma pessoa é o som mais importante que o subconsciente dela gosta de ouvir.
- **Olhar:** mantenha o contato visual o tempo todo. Não olhe para o celular ou o relógio. Isso fortalece que você está interessado verdadeiramente.
- **Demonstre interesse genuíno:** mostre interesse real pelo cliente, sua empresa e suas necessidades. Faça perguntas abertas e ouça atentamente as respostas.
- **Empatia:** coloque-se no lugar do cliente para entender melhor suas preocupações, desafios e objetivos. Isso ajuda a construir confiança e demonstra que você se importa com eles.
- **Validação:** reconheça os sentimentos e opiniões do cliente, mesmo que você discorde deles. Isso mostra respeito e ajuda a fortalecer o relacionamento.
- **Comunicação assertiva:** seja claro e direto ao comunicar informações. Evite linguagem técnica excessiva e adapte sua comunicação ao nível de entendimento do cliente.
- **Encontre interesses comuns:** procure por interesses ou pontos em comum com o cliente para estabelecer uma conexão mais pessoal.

9

# COGNITIVE BIAS

## Como incentivar decisões racionais?

É comum vendedores encontrarem dificuldades em vender quando esbarram em clientes com crenças, preconceitos e opiniões que afastam a tomada de decisão racional. Os vieses cognitivos, *cognitive bias*, são padrões de pensamento que desviam o julgamento humano da racionalidade ou da lógica objetiva. Esses vieses são mecanismos do cérebro que podem simplificar a tomada de decisão em um mundo complexo, mas muitas vezes levam a percepções distorcidas, julgamentos irracionais ou decisões que desafiam a lógica estatística ou factual. Eles surgem de várias origens, incluindo limitações na capacidade de processamento cerebral, influências emocionais, fatores culturais e sociais e evolução humana.

A pesquisa sobre vieses cognitivos ganhou destaque com os trabalhos dos psicólogos Daniel Kahneman e Amos Tversky na década de 1970. A teoria da perspectiva revolucionou o entendimento de como os seres humanos avaliam riscos e tomam decisões sob incerteza. Kahneman e Tversky identificaram uma variedade de vieses que afetam a racionalidade das decisões econômicas e de outros tipos como o viés de confirmação, que é a tendência de favorecer informações que confirmam as crenças preexistentes, ignorando evidências contrárias.

Na prática, os vieses cognitivos influenciam uma ampla gama de atividades humanas. No contexto do trabalho, por exemplo, podem afetar decisões de contratação ou avaliações de desempenho, onde o viés de similaridade (preferência por indivíduos que são percebidos como semelhantes ao avaliador) pode levar a decisões menos objetivas. Nas finanças, o viés de aversão à perda, no qual as perdas são percebidas como significativamente mais dolorosas do que ganhos equivalentes agradáveis, podem fazer com que os investidores evitem riscos necessários ou se apeguem a investimentos improdutivos.

A conscientização e a compreensão dos vieses cognitivos são essenciais para mitigar seus efeitos. Isso inclui estratégias como buscar a opinião de terceiros, utilizar métodos e ferramentas analíticas para ajudar na tomada de decisões, e se esforçar para adotar uma perspectiva mais objetiva e baseada em dados. Além disso, treinamentos e programas educacionais podem ajudar indivíduos e organizações a reconhecer e corrigir essas distorções em seu pensamento.

Em suma, os vieses cognitivos são desvios sistemáticos do pensamento racional que permeiam o julgamento humano. Embora muitas vezes inevitáveis, um entendimento profundo desses vieses e o desenvolvimento de estratégias para lidar com eles pode melhorar significativamente a tomada de decisão e o comportamento em contextos pessoais e profissionais.

Os vieses cognitivos, apesar de geralmente serem vistos como obstáculos para a tomada de decisão racional, podem ser entendidos e utilizados por vendedores como ferramentas poderosas para aumentar as vendas. Ao compreender como esses vieses influenciam o comportamento do consumidor, os vendedores podem estruturar suas interações e apresentações de produto de maneiras que alavanquem essas tendências naturais para favorecer as decisões de compra. Aqui estão algumas maneiras de como isso pode ser aplicado:

❖ **Viés de confirmação:** consumidores tendem a favorecer informações que confirmam suas crenças preexistentes. Vendedores podem usar esse viés ao reforçar como os benefícios de um produto ou serviço estão alinhados com o que o cliente já acredita ou valoriza. Por exemplo, se um cliente demonstra uma forte crença em sustentabilidade, o vendedor pode destacar os aspectos ecológicos do produto.

- **Efeito de ancoragem:** esse viés refere-se à tendência de as pessoas se basearem muito na primeira informação que recebem ao tomar decisões. Vendedores podem utilizar isso ao inicialmente apresentar o preço mais alto de um produto ou pacote *premium* antes de mostrar opções mais acessíveis. Isso pode fazer com que as opções subsequentes pareçam mais atraentes e razoáveis.
- **Efeito de mera exposição:** esse viés descreve como as pessoas tendem a desenvolver uma preferência por coisas simplesmente porque estão familiarizadas com elas. Vendedores podem usar essa tendência garantindo que seus produtos ou marcas sejam altamente visíveis e frequentemente apresentados através de publicidade repetida, presença nas redes sociais e exposições em locais onde os clientes potenciais gastam tempo.
- **Aversão à perda:** os consumidores muitas vezes preferem evitar perdas a adquirir ganhos equivalentes. Vendedores podem jogar com esse viés enfatizando o que está em risco se uma oportunidade de compra for ignorada, como uma oferta por tempo limitado, a última unidade disponível ou um desconto especial que está prestes a expirar.
- **Efeito halo:** esse viés pode ser bastante útil em vendas, quando usado de forma estratégica e ética. O efeito halo é um viés cognitivo onde a impressão geral que temos de uma pessoa, marca ou produto influencia nossos julgamentos sobre suas características específicas. Por exemplo, se um cliente acha um vendedor particularmente carismático ou confiável, ele pode também perceber os produtos que esse vendedor oferece como mais desejáveis ou de melhor qualidade. Vendedores podem capitalizar o efeito halo criando uma primeira impressão muito positiva. Isso pode ser alcançado através de uma aparência profissional, uma abordagem amigável e uma comunicação clara e confiante.

Ao utilizar conscientemente esses e outros vieses cognitivos, vendedores podem estrategicamente influenciar a decisão de compra de maneira ética e eficaz, criando apresentações e interações que ressoam com os modos naturais de processamento de informações dos consumidores. No entanto, é crucial que essas técnicas sejam usadas de maneira responsável e ética, visando sempre o benefício mútuo e a satisfação do cliente a longo prazo.

10

# STRAIGHT LINE SYSTEM

## Como conduzir uma negociação?

A forma correta de como conduzir uma negociação sempre foi tema de discussão. Essa é uma estratégia que traz uma forma de conduzir o cliente do ponto inicial da abordagem até o fechamento da venda.

O Sistema Linha Reta, do inglês *Straight Line System*, é uma técnica de vendas desenvolvida e popularizada por Jordan Belfort, um corretor de ações americano que ficou famoso mundialmente após sua vida e carreira serem retratadas no filme *O Lobo de Wall Street* (*The Wolf of Wall Street*, 2013). Ele criou esse método durante os anos 1990, quando dirigia a Stratton Oakmont, uma corretora de valores que, apesar do sucesso inicial, foi envolvida em múltiplas controvérsias legais e escândalos de fraude.

Belfort nomeou o método como linha reta devido à sua abordagem focada e direcionada de conduzir o processo de vendas de maneira linear e eficiente, do início ao fechamento. A metáfora da linha reta é usada para descrever o modo ideal de levar um cliente da introdução à conclusão da venda sem desvios desnecessários.

O sistema é centrado na ideia de que as vendas devem seguir uma trajetória reta, direcionada ao fechamento do negócio. O método enfatiza técnicas de persuasão eficazes para controlar a conversa de vendas e conduzir rapidamente o cliente em potencial ao ponto de decisão. A essência do método é estabelecer controle e direção durante toda a interação de vendas, garantindo que cada passo conduza ao objetivo final, que é a conversão do cliente.

O conceito busca estabelecer *rapport* (relação de confiança e harmonia), encontrar e manter o controle da conversa, e fechar a venda. Belfort ensina vendedores a construir rapidamente uma conexão pessoal e confiança com os clientes, usando técnicas de linguagem corporal, tom de voz e escolha das palavras.

Além disso, o método instrui os vendedores a dominar a arte de guiar a conversa, mantendo o foco em pontos que levem o cliente a perceber a necessidade do produto ou serviço oferecido e os benefícios que ele traz. Belfort enfatiza a importância de superar objeções de forma sistemática e de manter o cliente engajado e no caminho para o fechamento da venda.

Embora o método tenha demonstrado ser eficaz em muitos contextos de vendas, ele também atraiu críticas, especialmente devido à associação com as práticas antiéticas de Belfort no passado, como visto no filme na brilhante atuação de Leonardo DiCaprio. Contudo, muitos princípios do método podem ser aplicados de maneira ética e responsável, ajudando vendedores a melhorar suas habilidades de comunicação, persuasão e fechamento de vendas. Como qualquer técnica de vendas, o sucesso e a integridade de sua aplicação dependem muito da abordagem individual do vendedor e da aderência aos padrões éticos da profissão.

O processo de venda é estruturado em torno de cinco elementos centrais que ajudam a conduzir eficazmente um potencial comprador até o fechamento da venda. Cada um desses elementos desempenha um papel crítico em moldar a percepção e a decisão do comprador. Aqui está uma explicação detalhada de cada elemento:

- **O comprador potencial precisa adorar o seu produto:** o primeiro passo no processo de vendas, segundo o Sistema Linha Reta, é garantir que o comprador potencial se apaixone pelo produto. Isso é alcançado através de uma apresentação clara e atraente dos benefícios e características do produto que se alinham diretamente com as necessidades e desejos do cliente. O vendedor deve destacar como o produto pode resolver um problema específico ou melhorar significativamente a vida do comprador. A paixão pelo produto é essencial, pois cria um forte desejo, que é um poderoso motivador para a ação.

- **O comprador precisa confiar e ter uma conexão com você:** o segundo elemento é construir uma relação de confiança e conexão pessoal entre o vendedor e o comprador. Isso é conseguido através de técnicas eficazes de comunicação, como escuta ativa, empatia e sinceridade. O vendedor deve se posicionar como um consultor de confiança, alguém que entende profundamente as preocupações do cliente e está genuinamente interessado em ajudar. Essa conexão pessoal é crucial, pois a confiança no vendedor é muitas vezes um pré-requisito para o comprador se sentir confortável em prosseguir com a compra.
- **O comprador potencial precisa confiar e ter uma ligação com a sua empresa:** além de confiar no vendedor, o comprador também precisa ter confiança na empresa por trás do produto. Isso envolve demonstrar a solidez, a reputação e a confiabilidade da empresa. O vendedor deve fornecer evidências de sucesso anterior, testemunhos de clientes satisfeitos e qualquer reconhecimento ou prêmio que a empresa tenha recebido. Essa credibilidade empresarial ajuda a reforçar a segurança do comprador na qualidade e no suporte do produto a longo prazo.
- **Baixar o limiar de ação:** o quarto elemento, baixar o limiar de ação, refere-se a facilitar para o cliente a tomada de decisão de compra. Isso pode ser feito eliminando ou reduzindo as barreiras percebidas à compra, como o custo, a complexidade da implementação ou a incerteza sobre o valor do

produto. Táticas, como oferecer garantias, descontos, promoções por tempo limitado ou demonstrações gratuitas, são maneiras eficazes de reduzir o limiar de ação, tornando mais fácil para o cliente dizer sim.

❖ **Elevar o limiar ao desconforto:** por fim, elevar o limiar de desconforto envolve aumentar o custo percebido de não comprar o produto. Isso é frequentemente alcançado destacando o que está em risco se o comprador decidir não agir, como a perda de uma oportunidade única, o contínuo enfrentamento de um problema ou o aumento dos custos no futuro. Ao fazer com que a inação pareça mais problemática e desconfortável, o vendedor pode motivar o comprador a agir para evitar possíveis consequências negativas.

Ao integrar esses cinco elementos centrais em suas técnicas de vendas, vendedores podem eficazmente guiar os compradores através do processo de decisão, aumentando significativamente as chances de fechar vendas de maneira eficiente e consistente.

11

# DOOR TO DOOR

## Como aplicar a mais antiga estratégia de vendas?

Essa foi a primeira estratégia de vendas que eu aprendi e apliquei na prática. Na minha adolescência, saía com um carrinho cheio de verduras e legumes para oferecer aos potenciais clientes de porta em porta. Foi um período muito especial para mim, onde pude ter contato e me apaixonar por vendas.

A metodologia de vendas *door to door*, ou porta em porta, é uma das técnicas mais tradicionais e diretas de comercialização de produtos e serviços. Originando-se em uma época anterior às comunicações digitais e ao marketing em massa, essa abordagem envolve vendedores que visitam diretamente as residências ou escritórios dos potenciais clientes para apresentar e vender seus produtos. O método porta em porta ganhou popularidade principalmente no início e meados do século XX, quando os vendedores percorriam bairros e comunidades com suas maletas de amostras, oferecendo desde utensílios domésticos até seguros e enciclopédias.

A essência do *door to door* é o contato humano direto. O vendedor tem a oportunidade de apresentar o produto pessoalmente, demonstrar suas funcionalidades e, imediatamente, responder a qualquer pergunta ou objeção que o cliente possa ter. Essa interação face a face é valorizada por muitos consumidores, especialmente em segmentos de mercado onde o toque pessoal é crucial, como na venda de produtos mais caros ou complexos, que exigem uma explicação mais detalhada.

No entanto, a eficácia do método porta em porta sofreu um declínio ao longo dos anos, principalmente devido à saturação do mercado, à crescente desconfiança dos consumidores em relação a vendas invasivas e ao desenvolvimento de novas tecnologias que permitiram formas mais eficientes de marketing e vendas. A popularização da internet e do comércio eletrônico mudou radicalmente os hábitos de compra, fazendo com que menos pessoas estivessem dispostas ou interessadas em serem abordadas em suas casas.

Atualmente, enquanto a venda porta em porta ainda é praticada, ela é geralmente restrita a nichos específicos ou usada em combinação com outras técnicas de vendas. Empresas que continuam a empregar essa metodologia frequentemente investem em treinamento intensivo para seus vendedores, focando em habilidades de comunicação, técnicas de persuasão e, crucialmente, no respeito às normas de privacidade e consideração pelo tempo do potencial cliente. Além disso, algumas regulações foram implementadas em diversos países para proteger os consumidores de práticas abusivas, exigindo que os vendedores obtenham licenças e sigam diretrizes estritas.

A venda *door to door* é um método que, apesar de antigo, ainda possui relevância em certos contextos, oferecendo uma abordagem pessoal que muitas formas modernas de marketing não conseguem replicar. Para empresas que optam por essa estratégia, o sucesso depende da habilidade de adaptar as técnicas tradicionais às expectativas contemporâneas dos consumidores, mantendo um alto padrão de ética e respeito pelo cliente.

Existe um filme incrível e altamente motivador que mostra como um vendedor pode ter sucesso usando essa metodologia. Frequentemente eu utilizo esse filme com o objetivo de trabalhar questões como persistência e dedicação. Lançado em 2002, *De porta em porta* é baseado na história real de Bill Porter, um vendedor que trabalhou para a Watkins Incorporated, vendendo produtos de limpeza, condimentos e itens de saúde e beleza diretamente aos consumidores em suas casas.

Bill Porter, que tinha paralisia cerebral, enfrentou muitos desafios devido à sua condição física. No entanto, ele não permitiu que isso o impedisse de perseguir sua carreira de vendedor. Demonstrando uma persistência notável, Porter superou as limitações físicas e as rejeições iniciais por parte dos clientes potenciais, apoiando-se em sua força de vontade e habilidades interpessoais.

A metodologia *door to door* empregada por Porter era caracterizada por sua abordagem pessoal e genuína. Ele não apenas vendia produtos, mas também construía relacionamentos duradouros com seus clientes. Essa conexão pessoal era crucial; Porter escutava atentamente as necessidades de seus clientes e os ajudava a encontrar os produtos certos que atendiam a essas necessidades. Sua honestidade, integridade e compromisso em fornecer um serviço excepcional ganharam a confiança e a lealdade de muitos clientes, que frequentemente faziam questão de comprar exclusivamente dele.

*De porta em porta* destaca também a importância da persistência e resiliência no campo das vendas porta em porta. A capacidade de Porter para superar rejeições e continuar se esforçando dia após dia ilustra uma lição vital para qualquer vendedor: o sucesso, muitas vezes, requer paciência e persistência.

Aplicar a técnica de vendas *door to door* com sucesso exige uma combinação de habilidades interpessoais, preparação estratégica e persistência. Aqui estão algumas dicas essenciais para vendedores que desejam aumentar suas vendas através dessa abordagem tradicional, mas ainda eficaz:

- **Conheça seu produto e seu público:** antes de sair para vender, é crucial ter um conhecimento profundo dos produtos ou serviços que você está oferecendo. Isso inclui entender não apenas as características e benefícios dos produtos, mas também como eles se encaixam nas necessidades e desejos dos potenciais clientes. Além disso, pesquise sobre a área e o público-alvo; conhecer as características demográficas e os interesses locais pode ajudar a personalizar sua abordagem e mensagem.

- **Planeje sua rota com inteligência:** maximize seu tempo e energia planejando sua rota de vendas com eficiência. Isso significa escolher áreas com alta densidade de potenciais clientes e minimizar o tempo de deslocamento entre as visitas. Utilizar ferramentas de mapeamento pode ajudar a otimizar suas rotas e garantir que você cubra a área de forma sistemática.

- **Crie uma primeira impressão positiva:** a primeira impressão é crucial no *door to door*. Vista-se de maneira profissional, seja cortês e respeitoso, e sempre sorria. Um aperto de mão firme e uma introdução clara sobre quem você é e por que está ali podem estabelecer um tom positivo para a conversa. Lembre-se de que a confiança e a simpatia são fundamentais para abrir portas.

- **Escute mais do que fale:** embora você esteja lá para vender, é vital ouvir o que os clientes têm a dizer. Isso não só mostra respeito, mas também fornece informações valiosas sobre suas necessidades e preocupações, permitindo que você ajuste sua oferta para melhor atendê-los. Fazer perguntas abertas para encorajar o cliente a falar mais sobre suas experiências e necessidades pode revelar oportunidades de venda que você poderia perder de outra forma.

- **Lidar com rejeições de maneira profissional:** rejeições são parte do trabalho em vendas *door to door*. Trate cada não como uma oportunidade de aprender e melhorar. Mantenha uma atitude positiva e não leve rejeições para o lado pessoal. Aprenda a reconhecer quando insistir de forma educada e quando é hora de agradecer pela atenção e se retirar de forma cortês.

- **Acompanhamento:** se um cliente potencial mostrar interesse, mas não realizar uma compra imediata, organize um método de acompanhamento. Isso pode ser uma chamada telefônica, um e-mail ou uma visita subsequente. Manter contato pode transformar um interesse inicial em uma venda concreta ao longo do tempo.

- **Aproveite a tecnologia:** embora a venda *door to door* seja uma técnica tradicional, ela pode ser aprimorada com o uso de tecnologia. Utilizar um tablet ou *smartphone* para demonstrar produtos, verificar informações em tempo real ou até mesmo processar pagamentos pode aumentar a eficiência e a impressão de profissionalismo.
- **Peça indicações:** se um cliente estiver satisfeito com sua apresentação ou compra, peça uma indicação. Pessoas têm maior probabilidade de confiar em um vendedor que foi recomendado por alguém que conhecem. Isso não apenas amplia sua rede de contatos, mas também constrói sua credibilidade e base de clientes.

Ao aplicar essas dicas com consistência e dedicação, vendedores podem melhorar significativamente seus resultados em vendas *door to door*, aproveitando ao máximo as oportunidades de interação pessoal para construir relações duradouras e lucrativas.

12

# INFLUENCER SELLING

## Como influenciadores ajudam a vender?

Essa é uma estratégia moderna que ganha cada vez mais força nas redes sociais. Usar a influência de famosos ajuda a alavancar as vendas e fortalecer marcas no mundo todo. A metodologia de vendas conhecida como *Influencer Selling* representa uma adaptação moderna das estratégias tradicionais de marketing e vendas, incorporando o poder dos influenciadores digitais para impulsionar o reconhecimento de marca e as vendas de produtos ou serviços.

Essa abordagem surgiu com a ascensão das mídias sociais e da cultura digital, onde figuras públicas e influenciadores começaram a exercer um impacto significativo sobre as decisões de compra de seus seguidores e fãs. *Influencer Selling* aproveita a autoridade e a credibilidade que os influenciadores estabelecem junto a seus públicos para promover marcas de maneira mais orgânica e persuasiva. Ao contrário do marketing tradicional, que muitas vezes é visto como intrusivo ou promocional demais, o marketing de influência pode parecer mais autêntico e personalizado, o que é um fator crucial para atrair a geração atual de consumidores que valoriza a transparência e a autenticidade.

No coração do *Influencer Selling* está a colaboração entre marcas e influenciadores, que são cuidadosamente selecionados para representar os produtos ou serviços de uma empresa. Esses influenciadores compartilham seus testemunhos ou experiências com os produtos através de suas plataformas de mídia social, *blogs* ou vídeos. O objetivo é influenciar positivamente a percepção e o comportamento de compra de seus seguidores através de recomendações que pareçam naturais e genuínas.

Para que a metodologia de *Influencer Selling* funcione eficazmente, é essencial que haja uma boa correspondência entre os valores do influenciador e os da marca, além de uma compreensão clara do público-alvo. A seleção do influenciador correto é crucial, pois sua imagem e sua base de seguidores devem alinhar-se com a identidade da marca e com o público que deseja alcançar. Além disso, as campanhas devem ser planejadas para garantir que as mensagens sejam entregues de maneira ética e transparente, evitando a percepção de que o influenciador está simplesmente vendendo um produto em troca de pagamento.

O *Influencer Selling* é mais do que apenas encontrar alguém com um grande número de seguidores; trata-se de engajar com líderes de opinião que podem trazer credibilidade e relevância para a marca, criando uma conexão mais profunda e significativa com o público. Essa metodologia tem mostrado ser uma ferramenta poderosa, especialmente em mercados altamente saturados, onde se destacar da concorrência pode ser particularmente desafiador.

Um exemplo notável de sucesso no uso de *Influencer Selling* envolve a marca de beleza e cosméticos Fenty Beauty, fundada pela cantora Rihanna. Desde o seu lançamento em 2017, ela tem se destacado não apenas por seus produtos inovadores, mas também pela forma como utiliza influenciadores para promover sua marca.

Fenty Beauty vem utilizando uma abordagem estratégica ao envolver influenciadores de beleza de diferentes origens étnicas e tipos de pele. A marca não se limitou apenas a grandes nomes com milhões de seguidores; também colaborou com microinfluenciadores e influenciadores de nicho que compartilham dos valores de diversidade e inclusão da marca.

A estratégia da empresa provou ser extremamente eficaz. Os vídeos e fotos compartilhados pelos influenciadores ajudaram a marca a ganhar uma visibilidade considerável, não apenas impulsionando as vendas, mas também estabelecendo a Fenty Beauty como uma líder em diversidade na indústria da beleza. O boca-a-boca gerado pelos influenciadores contribuiu significativamente para o sucesso comercial e o reconhecimento da marca.

Para que a estratégia de *Influencer Selling* seja eficaz e contribua significativamente para o aumento das vendas de uma marca, é fundamental adotar uma abordagem bem planejada e estruturada. Aqui estão os passos essenciais para colocar essa estratégia em prática:

- **Definir objetivos claros:** antes de iniciar qualquer campanha de *Influencer Selling*, é crucial definir objetivos claros. Esses podem incluir aumentar a conscientização da marca, lançar um novo produto, entrar em um novo mercado ou aumentar diretamente as vendas. Ter objetivos claros ajudará a orientar a seleção de influenciadores e a concepção da campanha.
- **Escolha cuidadosa de influenciadores:** a seleção de influenciadores é um dos aspectos mais críticos do processo. É importante escolher influenciadores cujos seguidores se alinhem com o público-alvo da marca. Além disso, eles devem possuir uma imagem que ressoe com os valores e a identidade da marca. A autenticidade e a credibilidade do influenciador são cruciais, pois um alinhamento pobre pode resultar em campanhas que parecem forçadas ou ineficazes.
- **Criar uma proposta de valor para os influenciadores:** para engajar efetivamente os influenciadores, é importante oferecer algo de valor. Isso pode incluir compensação financeira, produtos gratuitos, acesso exclusivo a eventos ou lançamentos ou oportunidades de colaboração a longo prazo. A proposta deve ser atraente o suficiente para motivar os influenciadores a trabalhar com entusiasmo na promoção da marca.
- **Desenvolver conteúdo atraente e autêntico:** o conteúdo criado pelos influenciadores deve ser autêntico e alinhado com

a mensagem da marca, mas também deve respeitar a voz e o estilo próprios do influenciador. Isso pode envolver cocriação de conteúdo, para garantir que as mensagens sejam integradas de forma natural nas postagens regulares do influenciador, aumentando, assim, a receptividade de seus seguidores.

- **Monitoramento e análise de resultados:** monitorar o desempenho da campanha é essencial para avaliar a eficácia da estratégia. Isso inclui rastrear indicadores como engajamento, tráfego gerado, conversões e, claro, vendas. Ferramentas analíticas podem ajudar a entender o retorno sobre investimento (ROI) e ajustar a estratégia conforme necessário.
- **Estabelecer relações de longo prazo:** construir relações de longo prazo com influenciadores pode ser mais benéfico do que campanhas pontuais. Influenciadores que se tornam embaixadores da marca a longo prazo podem ajudar a estabelecer uma presença constante e confiável para a marca dentro de suas comunidades.
- **Garantir transparência e conformidade legal:** é importante garantir que todas as divulgações e práticas estejam em conformidade com as leis e regulamentos locais relacionados à publicidade. Os influenciadores devem divulgar claramente a natureza promocional de suas postagens para manter a transparência com seu público.

Implementando essas etapas cuidadosamente, as marcas podem aproveitar ao máximo a estratégia de *Influencer Selling* para não apenas aumentar as vendas, mas também fortalecer a lealdade do cliente e a percepção da marca no mercado.

13

# REFERRAL SELLING

## Como aumentar as vendas por indicação?

Antes mesmo de fazer minha graduação em Comunicação, já sabia que a propaganda "boca a boca" era poderosa. Uma antiga forma de conquistar e fidelizar clientes, que agora ganha uma nova nomenclatura.

Essa estratégia de vendas utiliza a recomendação de produtos ou serviços por clientes existentes para adquirir novos clientes. O *Referral Selling*, ou Venda por Indicação, se baseia na premissa de que as pessoas têm maior probabilidade de confiar e comprar de uma empresa quando são introduzidas a ela por alguém que já conhecem e confiam.

A venda por indicação é uma das formas mais antigas de comércio, remontando aos tempos em que as transações eram feitas com base em relações pessoais e na reputação dentro de comunidades pequenas. Na era moderna, à medida que os mercados se tornaram mais saturados e a competição por atenção do consumidor se intensificou, as empresas começaram a formalizar estratégias de *Referral Selling* como uma maneira eficaz de aproveitar as redes de seus clientes existentes para ganhar novos negócios.

Ao longo da história, a eficácia das recomendações boca a boca foi reconhecida em vários contextos comerciais, desde mercados locais até grandes impérios de comércio. No entanto, a sistematização e formalização da Venda por Indicação como uma estratégia específica de vendas se tornou mais proeminente com o desenvolvimento do moderno marketing e vendas, especialmente na era digital, onde ferramentas e plataformas on-line facilitam o rastreamento e o incentivo de referências de clientes.

Uma das principais vantagens do *Referral Selling* é o alto nível de confiança que as indicações carregam. Essas recomendações vêm acompanhadas de uma credibilidade natural, pois são feitas por pessoas que os novos clientes já conhecem e confiam. Isso faz com que o processo inicial de venda seja facilitado pela confiança preestabelecida.

Outro benefício importante da venda por indicação é o custo-efetividade. Adquirir novos clientes por meio de indicações geralmente envolve custos significativamente menores comparados aos de outros métodos de aquisição, como publicidade paga ou técnicas de *cold calling*. Isso se deve ao fato de que o processo de indicação aproveita as redes existentes de clientes satisfeitos, reduzindo a necessidade de investimentos altos em campanhas de marketing e publicidade.

Além disso, as taxas de conversão de clientes obtidos através de indicações tendem a ser mais altas. Isso acontece porque esses novos clientes já possuem uma impressão positiva da marca, influenciada pela recomendação de alguém em quem confiam. Resultado disso é não apenas uma maior probabilidade de fechar vendas, mas também um valor de vida útil do cliente ampliado, visto que a experiência inicial positiva pode fomentar a lealdade à marca. Esses fatores combinados tornam o *Referral Selling* uma estratégia extremamente valiosa para empresas que buscam crescer de maneira sustentável e eficiente.

A venda por indicação requer um alto nível de satisfação do cliente e envolvimento com a marca, pois um cliente descontente não só deixa de fazer indicações, como também pode dissuadir outros de se engajarem com a empresa. Portanto, manter a qualidade do produto e do serviço ao cliente é fundamental para o sucesso dessa estratégia de vendas.

## Como funciona o *Referral Selling*

- **Identificação de clientes satisfeitos:** o processo começa com a identificação de clientes existentes que estão satisfeitos e engajados com a marca, produto ou serviço. Esses clientes são vistos como potenciais defensores da marca.
- **Incentivo para indicações:** muitas vezes, as empresas incentivam as indicações oferecendo recompensas tanto para o indicador quanto para o novo cliente. Isso pode incluir descontos, serviços extras gratuitos ou outros benefícios que motivem os clientes existentes a compartilhar suas experiências positivas.
- **Facilitação do processo de indicação:** para maximizar as taxas de sucesso, as empresas simplificam o processo de fazer uma indicação. Isso pode envolver o uso de ferramentas digitais que permitem aos clientes compartilhar *links* personalizados ou enviar convites através de e-mail ou mídias sociais.
- **Acompanhamento:** após receber uma indicação, a empresa realiza um acompanhamento cuidadoso para garantir que o novo cliente potencial tenha uma experiência positiva. Isso pode envolver comunicação personalizada, ofertas especiais de boas-vindas, e assegurar um alto nível de serviço ao cliente.
- **Mensuração e ajustes:** as empresas acompanham o sucesso de suas campanhas de venda por indicação através de análise de dados para entender quais técnicas estão funcionando e onde ajustes podem ser necessários para melhorar as taxas de conversão ou a satisfação do cliente.

# 14

# EMOTIONAL SELLING

## Como vender através das emoções?

As pessoas compram emocionalmente e depois buscam argumentos racionais para justificar suas compras. Somos todos seres emocionais e aprender a lidar com as emoções, nossas e dos nossos clientes, é essencial para o jogo das vendas. Como eu coloquei na apresentação deste livro, são três as características que definem um vendedor de sucesso: agir com ambição, conhecer as estratégias de vendas e ter inteligência emocional. Quem diria que haveria uma estratégia de vendas exclusiva sobre as emoções, uma metodologia que enfatiza a importância de conectar-se emocionalmente com os clientes para influenciar suas decisões de compra.

O *Emotional Selling*, ou Venda Emocional, reconhece que as emoções desempenham um papel crucial nas decisões de compra dos consumidores; e que estabelecer uma conexão emocional pode ser tão importante quanto, ou até mais do que, os aspectos técnicos ou funcionais do produto.

A ideia de que as emoções são uma parte fundamental das decisões de compra não é nova e tem raízes em teorias de marketing e psicologia que datam de várias décadas. No entanto, a formulação específica de *Emotional Selling* como uma metodologia distinta ganhou destaque nas últimas décadas, especialmente com o aumento do entendimento sobre psicologia do consumidor e neurociência. Estudos mostraram que muitas decisões de compra são feitas subconscientemente e são fortemente influenciadas por fatores emocionais.

O *Emotional Selling* pode ser extremamente eficaz, particularmente em mercados nos quais os produtos são muito similares e as diferenças emocionais podem ser um fator diferenciador chave. É especialmente poderoso em setores como o de automóveis, imobiliário, de luxo; e qualquer mercado em que as percepções e experiências são cruciais.

No entanto, essa abordagem também recebe críticas. Alguns argumentam que pode manipular as emoções dos clientes para fazer vendas, o que pode levar a decisões de compra que não são do melhor interesse do consumidor. Portanto, é importante que os profissionais que utilizam a venda emocional mantenham altos padrões éticos e se concentrem em criar valor genuíno para o cliente.

Em resumo, *Emotional Selling* é uma metodologia que, quando usada de forma ética e focada no cliente, pode aprofundar relações e melhorar significativamente os resultados de vendas, criando experiências de compra memoráveis e positivas.

O autor do meu livro favorito sobre persuasão e comunicação nos ensina muito sobre a importância das emoções. Dale Carnegie, autor do famoso livro *Como fazer amigos e influenciar pessoas,* publicado em 1936, é frequentemente citado como um precursor no pensamento sobre como as emoções desempenham um papel crítico nas relações interpessoais, incluindo as vendas. Embora seu trabalho não tenha focado exclusivamente em vendas, as técnicas que ele descreveu para se conectar e influenciar as pessoas são fundamentais para o *Emotional Selling*.

A popularização desta estratégia também foi impulsionada por diversos autores e palestrantes no campo das vendas e do marketing. Livros e seminários sobre o tema frequentemente abordam como entender e apelar para as emoções do cliente pode melhorar significativamente a eficácia das vendas.

Simon Sinek, por exemplo, com seu conceito de *Start With Why* (Comece com o porquê), enfatiza a importância de conectar-se emocionalmente com os clientes explicando os "porquês" por trás de uma empresa ou produto, o que pode ser visto como uma aplicação direta de *Emotional Selling*.

## As emoções primárias

O filme *Divertida Mente* (*Inside Out*, 2015) é uma animação da Disney Pixar e aborda, de forma criativa, as cinco emoções primárias. Os personagens que protagonizam o longa-metragem foram inspirados na psicologia real. Quem assistiu ao primeiro filme da franquia, percebeu que essas cinco emoções controlam literalmente todas as nossas decisões.

Essas emoções são caracterizadas por serem automáticas, intensas e geralmente rápidas na resposta a estímulos específicos. São consideradas primárias porque são vistas como componentes básicos do repertório emocional humano, surgindo de processos evolutivos que têm raízes profundas na nossa biologia e servindo a funções adaptativas essenciais para a sobrevivência. Veja a seguir como as cinco emoções primárias podem influenciar as vendas:

- **Medo:** o medo é uma emoção poderosa que pode motivar uma compra rápida e preventiva. Empresas que vendem seguros, serviços de segurança ou até produtos de saúde muitas vezes utilizam essa emoção ao destacar os riscos de não possuir o produto. A ideia é que, ao comprar o produto, o consumidor possa evitar resultados negativos ou perigos futuros, sentindo-se mais seguro e protegido.
- **Raiva:** a raiva pode ser um motivador poderoso para a mudança. Quando os consumidores estão insatisfeitos ou frustrados com uma situação atual – seja ela relacionada a produtos inferiores, serviços de má qualidade ou questões sociais

maiores – essa emoção pode ser direcionada para incentivar ações que promovam melhorias. Empresas que apresentam seus produtos ou serviços como soluções para essas frustrações podem mobilizar clientes raivosos para que se tornem defensores de mudanças positivas.

- **Alegria:** uma das emoções mais positivas e contagiantes, a alegria é frequentemente usada em marketing e vendas. Produtos que promovem bons momentos, experiências prazerosas ou que são associados a momentos felizes (festas, viagens ou celebrações) utilizam essa emoção. A promessa de alegria pode fazer com que os consumidores sintam uma forte conexão emocional com a marca, aumentando a probabilidade de compra.
- **Nojo:** é geralmente uma emoção a ser evitada, a menos que seja usada para distanciar o consumidor de um problema e associá-lo a uma solução. Por exemplo, produtos de limpeza frequentemente utilizam a sensação de nojo em suas campanhas para mostrar como podem efetivamente eliminar germes e sujeira, promovendo um ambiente limpo e saudável.
- **Tristeza:** a tristeza pode ser uma alavanca emocional poderosa, especialmente quando usada em campanhas que envolvem caridade ou causas humanitárias. Produtos ou serviços que prometem aliviar o sofrimento, ajudar os necessitados ou contribuir para uma causa maior podem motivar os consumidores a comprar como uma forma de ajudar a fazer a diferença, transformando tristeza em ação positiva.

# 15

# BANT

## Como descobrir se o potencial cliente pode comprar?

Um erro comum entre vendedores é tentar vender para quem não tem autoridade para tomar decisões. Os consultores fazem as apresentações de maneira clara e assertiva, mas na hora do fechamento recebem as famosas objeções: "Vou falar com o meu esposo e retorno depois" ou "Preciso passar essas informações para o meu sócio". Não qualificar o potencial cliente antes da negociação é um erro que costuma colocar a venda em jogo. Essa estratégia é o caminho para o sucesso quando o assunto é identificar e classificar o futuro comprador.

A metodologia BANT é uma técnica utilizada para qualificar potenciais clientes (*leads*) em processos de vendas, especialmente em vendas complexas ou de soluções empresariais (B2B). O nome é um acrônimo para os critérios usados para avaliar um *lead*: *budget* (orçamento), *authority* (autoridade), *need* (necessidade) e *timing* (tempo).

O conceito foi desenvolvido pela IBM durante a década de 1960, uma época em que a venda de produtos tecnológicos e soluções empresariais começava a se tornar mais complexa e necessitava de um processo estruturado para identificar e qualificar *leads* de maneira eficaz. A IBM, reconhecendo a necessidade de um método sistemático para seus vendedores abordarem e avaliarem potenciais clientes, formalizou a metodologia BANT, que rapidamente se tornou um padrão na indústria de vendas B2B.

O BANT é particularmente útil em cenários de vendas em que os produtos ou serviços são complexos e caros, exigindo um processo de decisão considerado e múltiplas aprovações dentro da organização do cliente. A metodologia ajuda os vendedores a se concentrarem em *leads* que têm maior probabilidade de se converterem em vendas, economizando tempo e recursos.

No entanto, alguns críticos argumentam que o BANT pode ser muito rígido e que a flexibilidade é necessária para se adaptar às diferentes situações e dinâmicas dos clientes. Em resposta, muitas empresas modernizaram o BANT ou adotaram abordagens adicionais que complementam ou substituem parte dos critérios da estratégia, como a qualificação baseada em valor ou alinhamento estratégico.

Em suma, ela continua sendo uma metodologia fundamental em vendas B2B, proporcionando uma estrutura clara para qualificar *leads* e focar esforços onde eles são mais prováveis de gerar resultados.

## Como funciona o BANT

- ***Budget* (orçamento):** esta etapa envolve entender se o potencial cliente possui o orçamento necessário para adquirir o produto ou serviço oferecido. Isso inclui não apenas verificar a disponibilidade financeira atual, mas também se eles consideram o produto uma prioridade de gasto.
- ***Authority* (autoridade):** neste passo, é crucial identificar se a pessoa com quem se está negociando tem poder de decisão para realizar a compra. Em muitas organizações, especialmente em vendas B2B, múltiplas pessoas podem estar envolvidas no processo de decisão, então é importante entender a hierarquia e quem realmente toma as decisões.
- ***Need* (necessidade):** determinar a necessidade envolve entender se o produto ou serviço oferecido resolve um problema real do potencial cliente. Isso exige que o vendedor identifique e compreenda profundamente as dores e desafios do cliente para posicionar sua oferta como a solução ideal.
- ***Timing* (tempo):** esta dimensão avalia quando o cliente está planejando fazer a compra. Isso pode depender de vários fatores, como ciclos orçamentários, urgência da necessidade ou outros fatores internos. Um *timing* adequado é essencial para fechar a venda efetivamente.

# 16

# COLD CALLING

## Como vender pelo telefone?

Essa foi uma das principais estratégias de vendas dos anos 1990. Profissionais de telemarketing passavam o dia todo prospectando e fazendo ligações telefônicas com o objetivo de vender os mais variados produtos. Antes da chegada dos *smartphones* e do estouro das redes sociais, receber ligações de vendedores nos telefones fixo era uma prática comum. Hoje, a estratégia perdeu a força dos anos anteriores, mas continua sendo uma opção quando aliada a outras metodologias mais modernas.

Traduzido como "ligação fria", o *cold calling* é uma estratégia de vendas que envolve o contato direto com potenciais clientes que não estão esperando por uma chamada e, muitas vezes, não têm nenhum relacionamento prévio com a pessoa que está ligando. O objetivo dessa estratégia é abrir novos caminhos e oportunidades de vendas, apresentando produtos ou serviços diretamente a novos clientes em potencial.

A estratégia emergiu gradualmente à medida que as empresas começaram a explorar maneiras mais diretas de alcançar consumidores e mercados. O uso do telefone para vendas começou a se popularizar no início do século XX, mas tornou-se uma ferramenta de vendas comum e formalizada após a Segunda Guerra Mundial, com o crescimento econômico e a expansão das redes de comunicação. Empresas de todos os tamanhos começaram a adotar o telefone como uma maneira eficiente de contato direto com potenciais clientes, criando uma base para o que hoje conhecemos como *cold calling*.

A prática remonta aos primeiros dias do marketing e das vendas por telefone, sendo amplamente adotada com o aumento do acesso às telecomunicações no século XX. Antes da internet e das estratégias digitais de marketing, o *cold calling* era uma das maneiras mais diretas e ativas de buscar novos clientes. Empresas de vários setores utilizavam essa técnica para expandir sua base de clientes, desde seguradoras e financeiras até empresas de produtos de consumo.

Com o advento da internet e das mídias sociais, muitos questionam a eficácia do *cold calling*, considerando-o invasivo e muitas vezes ineficiente. A taxa de sucesso tende a ser baixa, e muitos consumidores reagem negativamente a essas abordagens não solicitadas. No entanto, em certos setores e mercados, essa técnica ainda pode ser eficaz, especialmente quando combinada com outras estratégias de marketing e vendas mais modernas.

Em resumo, trata-se de uma estratégia de vendas tradicional que, apesar de enfrentar desafios em termos de eficácia e aceitação, ainda é usada em diversas áreas para tentar captar novos clientes.

## Como funciona o *cold calling*

- **Preparação e pesquisa:** antes de iniciar as ligações, é crucial fazer uma pesquisa para definir o público-alvo, entender suas necessidades e como o produto ou serviço pode atender a essas necessidades. Essa etapa inclui também a preparação de um *script* de chamada, que deve ser adaptável, mas servir como um guia para a conversa.
- **Abordagem inicial:** o início da chamada deve ser claro e direto. O vendedor se apresenta, explica brevemente o motivo da chamada e busca despertar o interesse do potencial cliente, geralmente mencionando benefícios ou propostas de valor específicas.

- **Superar objeções:** uma parte significativa do *cold calling* envolve lidar com objeções. O vendedor deve estar preparado para responder a dúvidas e preocupações, utilizando técnicas de persuasão e reafirmando os benefícios do produto ou serviço.
- **Fechamento:** se o potencial cliente mostrar interesse, o vendedor tentará avançar para as próximas etapas, seja marcando uma reunião, encaminhando material adicional ou fechando uma venda diretamente.
- ***Follow-up*:** após a chamada inicial, o *follow-up* é crucial. Isso pode incluir enviar e-mails, marcar reuniões ou realizar chamadas de acompanhamento para consolidar o interesse e fechar a venda.

17

# ACTIVE LISTENING

## Como escutar de maneira ativa?

Escutar é uma ação e, como toda ação, precisa de atitude para funcionar plenamente. Muitos profissionais de vendas fazem cursos e passam a vida aperfeiçoando a arte da oratória, mas negligenciam e se esquecem da "escutatória", o dom de escutar. Eu afirmo, categoricamente, que ouvir nos dias atuais é um poder capaz de conectar e persuadir a todos à nossa volta.

A metodologia de escuta ativa, do inglês *active listening*, é uma técnica de comunicação que enfatiza a importância de ouvir atentamente o interlocutor, dando-lhe total atenção e mostrando empatia e compreensão. Essa estratégia é fundamental na psicoterapia, mas é amplamente aplicável em diversas áreas como gestão, resolução de conflitos e, claro, nas vendas.

A técnica foi desenvolvida por Carl Rogers, um psicólogo influente na corrente humanista da psicologia. Ele defendia que para um terapeuta ajudar eficazmente um cliente, era essencial que ele realmente compreendesse a perspectiva do cliente, sem julgamentos e com empatia. A escuta ativa foi, portanto, uma extensão de sua abordagem centrada na pessoa, que enfatiza a importância de criar um ambiente de aceitação e compreensão para facilitar o crescimento pessoal.

A metodologia incorpora diversas técnicas práticas para assegurar que o ouvinte (receptor) esteja totalmente engajado com o falante (emissor), facilitando uma comunicação efetiva e empática. Uma das técnicas fundamentais é o parafrasear, que envolve repetir em suas próprias palavras o que o falante disse, assegurando assim que a compreensão seja precisa e clara. Além disso, refletir sentimentos é outra prática essencial, na qual o ouvinte busca identificar e verbalizar os sentimentos que podem estar implícitos nas palavras do falante, mostrando compreensão e validação emocional.

Outro aspecto importante é fazer perguntas abertas. Ao invés de questões que conduzam a respostas simples de "sim" ou "não", são incentivadas perguntas que promovam uma exploração mais profunda dos pensamentos e sentimentos do falante. Isso permite uma conversa mais rica e um entendimento mais profundo. Da mesma forma, é crucial evitar interrupções durante o diálogo. Isso significa dar espaço ao falante para expressar seus pensamentos e sentimentos sem ser interrompido, o que inclui conter o impulso de pensar em uma resposta enquanto o outro ainda está falando.

Por fim, mostrar empatia é vital na escuta ativa. Essa técnica envolve demonstrar um entendimento sincero e empatia pela situação e sentimentos do falante. Empatizar ajuda a fortalecer a relação entre os interlocutores, criando um ambiente seguro e respeitoso, propício para uma comunicação genuína e aberta. Todas essas técnicas, quando combinadas, tornam a escuta ativa uma ferramenta poderosa para melhorar a qualidade das interações humanas em diversos contextos.

A escuta ativa pode ser uma ferramenta poderosa para vendedores aumentarem suas vendas ao proporcionar uma melhor compreensão das necessidades e desejos dos clientes. Aqui estão algumas maneiras pelas quais a escuta ativa pode ajudar:

- **Construção de relacionamento:** a escuta ativa demonstra ao cliente que o vendedor está genuinamente interessado em suas necessidades, o que ajuda a construir confiança e um relacionamento mais forte.
- **Identificação de necessidades:** ao ouvir atentamente, o vendedor pode identificar exatamente o que o cliente precisa,

permitindo-lhe oferecer produtos ou serviços que atendam a essas necessidades específicas.

- **Personalização da oferta:** compreendendo melhor o cliente, o vendedor pode personalizar a apresentação dos produtos, destacando os benefícios que mais importam para aquele cliente em particular.
- **Resolução de objeções:** a escuta ativa permite que o vendedor compreenda as preocupações ou objeções do cliente e as aborde de maneira eficaz, aumentando a probabilidade de fechamento da venda.
- ***Feedback* valioso:** através da escuta ativa, os vendedores podem coletar *feedback* valioso dos clientes, que pode ser utilizado para melhorar produtos, serviços e abordagens de vendas futuras.
- **Aprimoramento da comunicação:** vendedores que praticam a escuta ativa são melhores comunicadores, pois conseguem responder de maneira mais precisa e relevante, criando uma experiência de compra mais satisfatória para o cliente.

Ao integrar a escuta ativa em sua abordagem, os vendedores não apenas melhoram suas habilidades de vendas, mas também constroem relações mais duradouras e leais com seus clientes.

18

# NAMING

## Como um nome pode influenciar a venda?

No final do filme *Fome de poder* (*The Founder*, 2016), um dos fundadores do McDonald's questiona Ray Kroc sobre porque ele simplesmente não roubou a fórmula da empresa de *fast food* em vez de apropriá-la integralmente. Quem assistiu ao filme, e eu recomendo que assista, sabe que o longa-metragem conta a história da gigante dos arcos dourados e de como Kroc, um simples vendedor, se apropriou da marca criada pelos irmãos Richard e Maurice McDonald. No banheiro, após uma audiência, um dos irmãos questiona Kroc e ele revela: "Você deve ter mostrado sua lanchonete para muitas pessoas, e algumas até devem ter copiado seu sistema, mas ninguém obteve sucesso. Tem uma coisa que torna o McDonald's especial: não é apenas um sistema. É O NOME!".

Ter um nome estratégico faz toda a diferença no mundo dos negócios. Quando eu criei e registrei a marca Portal ON, uma concorrente, gigante da comunicação, entrou com um processo contra mim querendo brigar pelo registro. Eu enfrentei e ganhei o processo. Portal ON é uma marca forte, simples e que representa aquilo que minha empresa promove: portais on-line. Outra marca que eu criei e também registrei foi Vendalogia®. Modestamente, eu acho incrível: o estudo das vendas!

Dentro da comunicação, chamamos essa estratégia de *naming*, o processo de dar nome a uma marca, produto, serviço ou empresa.

Esse método não é somente um ato criativo, mas também incorpora considerações estratégicas, legais e culturais, desempenhando um papel crucial na formação da percepção e no sucesso de uma marca. O processo começa com a definição clara dos objetivos e da estratégia da marca, incluindo a missão da empresa, os valores da marca, o público-alvo e a posição de mercado desejada. Esses elementos ajudam a garantir que o nome desenvolvido ressoe com o público desejado e reflita a essência da marca.

Após a definição dos objetivos, o processo segue para o *brainstorming*, onde equipes de marketing e criativos geram uma ampla gama de possíveis nomes. Essa fase criativa é seguida por uma avaliação rigorosa, onde cada nome é analisado quanto à relevância, memorabilidade, facilidade de pronúncia, ortografia, diferenciação e extensibilidade. É fundamental que o nome escolhido não apenas se destaque, mas também possa se adaptar a futuras expansões de produto ou mercado.

Um aspecto crucial do processo é a verificação legal, que assegura que o nome não esteja já em uso ou protegido por outra empresa. Evitar litígios através de uma pesquisa minuciosa de marcas registradas é vital. Além disso, muitas empresas optam por realizar testes de mercado antes de finalizar o nome, utilizando pesquisas, grupos focais ou testes A/B para medir a percepção e aceitação do público-alvo.

Finalmente, após a escolha e asseguração legal do nome, este é formalmente adotado e integrado em todas as operações de marketing e comunicação da empresa. No entanto, considerações culturais também devem ser levadas em conta, especialmente para marcas que operam internacionalmente. Um nome eficaz em um mercado pode ter conotações negativas ou ser difícil de pronunciar em outro, fazendo com que uma análise cultural detalhada seja essencial para garantir a adequação e eficácia do nome em uma escala global. Portanto, o processo de *naming* é uma combinação de arte e ciência, exigindo uma mistura de criatividade, pesquisa meticulosa e uma abordagem estratégica para desenvolver um nome que suporte o peso de uma marca e seus objetivos comerciais.

Não há um único criador ou inventor do conceito de *naming* como um processo específico dentro do marketing e do *branding*. O desenvolvimento e a formalização de técnicas de *naming* evoluíram ao longo do tempo com a expansão do marketing, da publicidade e do *branding* como disciplinas profissionais.

A estratégia pode ser uma ferramenta poderosa para vendedores, pois o nome certo pode desempenhar um papel crucial em aumentar a atratividade de um produto ou serviço, influenciando diretamente as vendas. Aqui estão algumas maneiras pelas quais uma estratégia de *naming* eficaz pode ajudar os vendedores a aumentar suas vendas:

- **Primeira impressão forte:** o nome é frequentemente o primeiro ponto de contato entre o produto e o consumidor. Um nome atraente e memorável pode criar uma impressão positiva e duradoura, incentivando o interesse inicial e a curiosidade.
- **Diferenciação no mercado:** em mercados competitivos, um nome distintivo pode ajudar um produto a se destacar da concorrência. Isso é especialmente importante em setores saturados, onde os consumidores são bombardeados com opções. Um nome que ressoa bem com o público-alvo pode ser um fator decisivo para a escolha do produto.
- **Comunicação de benefícios e valores:** um bom nome pode comunicar os principais benefícios, a qualidade ou o valor único de um produto. Por exemplo, nomes que evocam uma sensação de luxo, eficiência ou confiabilidade podem influenciar positivamente a percepção do consumidor e alinhar o produto com as necessidades ou desejos do público.
- **Facilita o boca a boca:** nomes fáceis de pronunciar e lembrar são mais propensos a serem discutidos entre os consumidores.

Isso facilita o marketing boca a boca, uma das formas mais eficazes de publicidade, pois é baseada na confiança e nas recomendações pessoais.

- **Aumento da lealdade à marca:** um nome que estabelece uma conexão emocional forte com os consumidores pode contribuir para a lealdade à marca. Quando os consumidores sentem uma ligação com a marca, eles são mais propensos a fazer compras repetidas e a recomendar o produto aos outros.
- **Expansão do mercado:** um nome que é culturalmente sensível e adaptável a diferentes mercados pode facilitar a expansão geográfica de um produto. Nomes que funcionam bem em vários idiomas e culturas podem reduzir barreiras ao entrar em novos mercados.
- **Apoio a lançamentos de novos produtos:** para empresas que já possuem uma marca estabelecida, um *naming* estratégico para novos produtos pode aproveitar a força da marca principal. Isso pode ajudar a garantir um lançamento bem-sucedido e aceitação mais rápida do mercado, aumentando as vendas desde o início.

Portanto, uma estratégia de *naming* bem pensada não é apenas sobre escolher um nome atraente, mas também sobre alinhar esse nome com a estratégia de marketing global, as características do produto e as expectativas dos consumidores, maximizando assim o impacto no mercado e as vendas resultantes.

19

# NETWEAVING

## Como construir *networking* de maneira mais altruísta?

***"Para quem você poderia ligar hoje às duas horas da madrugada?"***

É esta pergunta que o escritor norte-americano Harvey Mackay traz em seu livro *Cave um poço antes de sentir sede*. Ele é um dos mais renomados especialistas sobre a construção de relacionamentos e sabe, como poucos, da importância de se criar e manter uma sólida e profunda rede de contatos. Essa estratégia é uma evolução do que conhecemos como *networking*.

A palavra *netweaving* é uma composição de duas palavras inglesas: *net*, que significa rede e *weaving*, que significa tecelagem. Portanto, *netweaving* pode ser interpretado como o ato de tecer uma rede, no sentido de construir e fortalecer conexões dentro de uma rede de contatos de forma intencional e colaborativa. O termo encapsula a ideia de criar uma rede social forte e coesa através da ajuda mútua, e do estabelecimento de relações baseadas na generosidade e no apoio recíproco.

*Netweaving* é um conceito relacionado à prática de *networking*, mas com uma abordagem mais colaborativa e altruísta. Enquanto o *networking* tradicional muitas vezes foca em construir uma rede de contatos para benefício próprio, o *netweaving* enfatiza a ideia de conectar pessoas dentro de uma rede com o objetivo de ajudá-las a atingir seus objetivos, sem a expectativa de receber algo em troca imediatamente.

A ideia principal do *netweaving* é ser um facilitador de conexões, promovendo a cooperação e o apoio mútuo entre os membros de uma rede. Isso envolve entender as necessidades e objetivos de diferentes indivíduos e pensar em como você pode ajudá-los a alcançar esses objetivos, conectando-os com outras pessoas que possam ser úteis de alguma forma. O conceito pode ser especialmente valioso em ambientes profissionais e empresariais, onde a colaboração e o apoio mútuo podem levar a resultados mais eficazes e inovações.

A longo prazo, o *netweaving* pode criar uma cultura de generosidade e confiança na qual os membros da rede sentem-se incentivados a contribuir e ajudar uns aos outros, sabendo que o valor circula dentro da rede e que a ajuda que oferecem pode eventualmente retornar a eles de outras formas.

O conceito é frequentemente creditado a Bob Littell, que cunhou o termo e desenvolveu a filosofia por trás dele, baseando-se na ideia de que ajudar os outros a se conectar pode ser mais benéfico e gratificante do que o *networking* tradicional, que muitas vezes é visto como uma abordagem mais egocêntrica de construção de relações profissionais. Littell promoveu o método como uma forma de estabelecer redes de contatos que são mais centradas na generosidade e no apoio mútuo, em vez de simplesmente buscar ganhos pessoais.

O *netweaving* pode ser uma ferramenta poderosa para vendedores que buscam aumentar suas vendas ao criar relações mais profundas e significativas com clientes e colegas. Aqui estão algumas maneiras específicas pelas quais ela pode beneficiar vendedores:

- **Construção de confiança:** ao focar em ajudar os outros primeiro e conectar pessoas que podem beneficiar-se mutuamente, vendedores podem estabelecer-se como confiáveis e genuinamente interessados no bem-estar de seus clientes e parceiros. Isso pode fortalecer a confiança e abrir portas para futuras oportunidades de negócios.

- **Ampliação da rede de contatos:** *netweaving* permite que vendedores expandam sua rede de contatos de forma mais orgânica e significativa. Ao conectar clientes ou colegas com outros profissionais que podem ajudar a resolver seus problemas, o vendedor não só ajuda essas pessoas, mas também solidifica sua posição como um ponto central na rede, o que pode gerar mais referências e oportunidades.

- **Geração de referências:** uma rede bem tecida é uma fonte rica de referências. Quando os vendedores ajudam ativamente os outros, é mais provável que essas ações sejam recompensadas com recomendações de seus contatos a novos clientes, o que pode levar a um aumento nas vendas.

- **Parcerias estratégicas:** ao praticar *netweaving*, vendedores podem identificar e cultivar parcerias estratégicas que beneficiem todas as partes envolvidas. Essas parcerias podem abrir novos canais de vendas ou permitir co-marketing que amplia o alcance de todos os envolvidos.

- **Melhoria da reputação e visibilidade:** ser visto como alguém que é um recurso valioso e um facilitador na indústria pode significativamente aumentar a visibilidade de um vendedor. Uma boa reputação como alguém que é útil e conectado pode atrair mais clientes para o vendedor.

- **Aprendizado contínuo:** ao conectar-se com uma variedade de profissionais e ouvir suas necessidades e desafios, vendedores podem aprender muito sobre o mercado e sobre novas estratégias ou tecnologias, o que pode ajudar a melhorar suas próprias técnicas de venda e adaptação ao mercado.

O *netweaving*, portanto, transforma a maneira como os vendedores interagem com sua rede, passando de uma abordagem transacional para uma mais relacional, na qual o sucesso é medido não apenas pelo que se ganha, mas também pelo que se contribui para o sucesso dos outros.

# 20

# GAP SELLING

## Como preencher a lacuna no processo de vendas?

Entender a situação atual do potencial cliente e criar estratégias para que ele consiga visualizar como se sentirá ou como ficará após comprar de você. Essa é a promessa dessa metodologia internacional de vendas, que tem ganhado adeptos em vários países.

Desenvolvida pelo treinador de vendas Keenan, *Gap Selling* é uma metodologia de vendas que se concentra em identificar e abordar as lacunas entre o estado atual e o estado desejado de um cliente. Essa abordagem é detalhada no livro de Keenan, *Gap Selling: Getting the Customer to Yes* (Sales Guy Publishing), ainda sem tradução para o português. A metodologia é reconhecida por seu foco centrado no cliente e na resolução de problemas, diferenciando-se de outras metodologias de vendas que podem se concentrar mais em características do produto ou benefícios.

A metodologia é estruturada em etapas que começam com a identificação do estado atual do cliente – suas necessidades, problemas e situação operacional. Em seguida, define-se o estado futuro desejado pelo cliente, que é essencialmente a visão de onde eles querem estar ou o que esperam alcançar após resolver seus problemas. A lacuna refere-se então à diferença entre esses dois estados, e é o foco principal da metodologia, onde o vendedor deve apresentar soluções que ajudem a transpor essa distância.

As técnicas envolvidas na *Gap Selling* incluem uma série de perguntas de sondagem, validação e provocação que ajudam a entender profundamente os problemas do cliente, o impacto desses problemas e as possíveis soluções. Isso permite que os vendedores posicionem seus produtos ou serviços como as soluções ideais para os problemas específicos dos clientes, aumentando assim as taxas de conversão e fortalecendo o relacionamento com os clientes a longo prazo.

*Gap Selling* é uma abordagem consultiva e centrada no cliente que enfatiza a compreensão profunda das necessidades do cliente e o uso dessa compreensão para oferecer soluções personalizadas que preencham as lacunas identificadas. É uma metodologia que requer habilidade na formulação de perguntas, escuta ativa e capacidade de conectar problemas a soluções de maneira significativa.

A palavra *gap* tem diversos significados em inglês, dependendo do contexto em que é usada. Geralmente, significa uma lacuna, um espaço vazio, ou uma diferença entre duas coisas, exatamente como proposto na metodologia *Gap Selling*. Se fosse traduzido para a língua portuguesa, seria algo como "lacuna das vendas".

A metodologia é estruturada em etapas específicas que visam abordar essa lacuna entre o estado atual e o estado futuro desejado do cliente. Cada etapa é projetada para desenvolver uma compreensão profunda das necessidades do cliente e para alinhar as soluções de forma mais eficaz. Veja a seguir:

- **Fatos:** esta etapa envolve coletar informações objetivas sobre a situação atual do cliente. O objetivo é obter uma visão clara e factual do ambiente, dos processos e das circunstâncias do cliente sem qualquer suposição ou interpretação.

- **Problemas:** identificar os problemas específicos que o cliente está enfrentando. Isso inclui entender as dificuldades ou desafios dentro do contexto atual que o cliente deseja resolver.

- **Impacto:** avaliar como os problemas identificados estão afetando o negócio ou a operação do cliente. Essa etapa foca em quantificar o custo ou as consequências dos problemas, tanto em termos financeiros quanto operacionais.
- **Causas principais:** determinar as causas fundamentais dos problemas. Isso ajuda a entender não apenas o que está acontecendo, mas por que está acontecendo, permitindo uma solução mais direcionada e eficaz.
- **Emoção:** captar a resposta emocional do cliente aos problemas identificados. Entender as emoções envolvidas pode oferecer *insights* valiosos sobre a urgência do problema e sobre como abordar a solução de uma maneira que ressoe mais profundamente com o cliente.
- **Estado futuro:** definir claramente o estado ou a situação futura que o cliente deseja alcançar. Essa etapa envolve visualizar o cenário ideal do cliente após a resolução dos problemas, o que ajuda a moldar a direção das soluções propostas.
- **Soluções:** propor soluções que efetivamente preencham a lacuna identificada entre o estado atual e o estado futuro. As soluções devem ser projetadas para resolver os problemas fundamentais e atender às necessidades emocionais, além de conduzir o cliente ao seu estado desejado.

Cada uma dessas etapas é crítica para a aplicação bem-sucedida da metodologia *Gap Selling*, pois permitem que os vendedores abordem as vendas de uma maneira estruturada e consultiva, focando em como seus produtos ou serviços podem genuinamente resolver os problemas dos clientes e melhorar suas operações ou vidas. Essa abordagem não só aumenta a eficácia das vendas, mas também fortalece o relacionamento com o cliente, posicionando o vendedor como um parceiro confiável em vez de apenas um fornecedor.

21

# TRIUNE BRAIN THEORY

## Como vender para o cérebro que decide?

Em meus treinamentos de vendas costumo utilizar essa teoria para explicar uma questão polêmica: por que as pessoas não gostam de vendedores? Sim, elas não gostam! Embora exista um paradoxo comum: todos amam comprar. Essa metodologia explica que o nosso cérebro é dividido em três partes distintas, e que uma delas é a mais importante na tomada de decisão.

O conceito do cérebro trino, do inglês *triune brain theory*, foi proposto pelo neurocientista americano Paul D. MacLean na década de 1960. Ele desenvolveu a teoria como parte de seu modelo evolucionário de neurociência, que busca explicar a estrutura e a função do cérebro humano através de sua evolução filogenética. MacLean detalhou suas ideias em sua obra *The Triune Brain in Evolution* no final dos anos 1980, que se tornou um marco no estudo da neurociência evolutiva.

O cérebro trino descreve o cérebro humano como sendo composto por três partes que evoluíram sucessivamente:

- **Cérebro reptiliano:** essa é a parte mais antiga e primitiva do cérebro, responsável pelos comportamentos de autopreservação e instintos básicos, como a agressão, a dominância, os impulsos territoriais e as funções automáticas como o controle da respiração e do batimento cardíaco. Localiza-se no tronco cerebral e no cérebro basal. É o cérebro instintivo, responsável pela sobrevivência.

- **Cérebro límbico:** evoluído após o cérebro reptiliano, o cérebro límbico está associado às emoções e aos comportamentos sociais. É responsável por nossa capacidade de sentir emoções, como medo e alegria, e é crucial para a formação de memórias e a aprendizagem baseada na afetividade. Estruturas como o hipocampo, a amígdala e o cíngulo fazem parte deste sistema. É o cérebro emotivo, responsável pelos sentimentos.
- **Neocórtex:** a parte mais recente do cérebro em termos evolutivos, o neocórtex está envolvido em funções cognitivas superiores, como o raciocínio, a consciência, a tomada de decisão e a linguagem. Essa camada externa do cérebro permite complexidade nos pensamentos, planejamento futuro e a elaboração de ideias abstratas. É o cérebro racional, responsável pela lógica.

MacLean propôs que os três cérebros operam tanto de forma independente quanto interconectada, influenciando a forma como os seres humanos pensam, sentem e se comportam. A teoria do cérebro trino tem sido usada para explicar diversos aspectos do comportamento humano, desde reações emocionais até a tomada de decisão e os distúrbios psicológicos.

Em termos práticos, entender como cada parte do cérebro contribui para o comportamento pode ajudar em terapias psicológicas e no desenvolvimento pessoal. Por exemplo, a terapia pode focar em como os instintos primitivos do cérebro reptiliano podem estar em conflito com as emoções mais complexas do cérebro límbico ou com o raciocínio lógico do neocórtex.

Em um processo de venda e compra, todos os três componentes do modelo do cérebro trino de Paul D. MacLean influenciam a tomada de decisão de um cliente, cada um contribuindo de maneira diferente.

O cérebro reptiliano é responsável pelos instintos básicos de sobrevivência e autopreservação. Em um contexto de vendas, ele pode influenciar decisões que envolvem sensações imediatas de segurança e risco. Por exemplo, se um produto parece arriscado ou inseguro, o cérebro reptiliano pode fazer com que o cliente hesite ou desista da compra. Da mesma forma, se o produto oferece uma sensação imediata de segurança ou satisfação de uma necessidade fundamental, como comida ou conforto, ele pode promover uma decisão rápida de compra.

O cérebro límbico é central para processar emoções e memórias, desempenhando um papel significativo em como nos sentimos em relação a uma compra. As emoções podem ser um fator poderoso em decisões de compra, influenciando o desejo e a lealdade à marca. Por exemplo, um cliente pode escolher um produto porque traz uma sensação de felicidade, nostalgia ou pertencimento, todas emoções geridas pelo cérebro límbico. Campanhas de marketing que visam criar conexões emocionais com os consumidores são especialmente focadas em ativar essa parte do cérebro.

Já o neocórtex é envolvido nas funções de pensamento analítico, planejamento e decisão racional. Em vendas, ele entra em jogo quando os clientes avaliam as características do produto, comparam preços, consideram as opiniões de outros consumidores e ponderam os prós e contras. O neocórtex permite que os clientes façam escolhas ponderadas e informadas. Por exemplo, ao decidir sobre uma compra significativa como um carro ou uma casa, o cliente geralmente usa o neocórtex para processar informações detalhadas e tomar uma decisão lógica.

No livro *Venda à mente, não ao cliente,* de Jürgen Klaric, a ideia central é que o cérebro reptiliano desempenha um papel crucial na decisão final de compra, mesmo que outros aspectos do cérebro também estejam envolvidos no processo. Segundo Klaric, embora os processos de pensamento mais complexos e as emoções influenciem a maneira como os consumidores percebem um produto, é o cérebro reptiliano que, muitas vezes, dita a decisão final, principalmente porque ele lida com os instintos mais básicos e fundamentais de sobrevivência e reação imediata.

Isso explica por que algumas pessoas não gostam de vendedores. O cérebro reptiliano, ao perceber a presença de um vendedor, reage ativando o modo de sobrevivência. Essa parte instintiva do cérebro "entende" que o vendedor só quer tirar o seu dinheiro e o rejeita imediatamente, uma vez que o dinheiro é interpretado como essencial para a sobrevivência, especialmente na sociedade contemporânea. Por isso, ganha força o conceito de que os vendedores não devem se comportar como simples vendedores. Uma forma de contornar o cérebro reptiliano, que não pensa nem sente, é os profissionais de vendas se comportarem como consultores genuínos e altruístas, que estão ali para ajudar o potencial cliente.

Para os vendedores, entender a influência do cérebro reptiliano pode ser extremamente valioso. Isso envolve apresentar produtos de maneira que ative respostas instintivas e imediatas. Por exemplo, enfatizar a exclusividade de um produto pode despertar um senso de urgência, enquanto garantir a segurança e a facilidade de uso pode apelar para o desejo de evitar riscos.

O cérebro reptiliano é responsável por funções automáticas e instintivas, como fome, medo, instinto de sobrevivência e reprodução. Em termos de comportamento de compra, esse segmento do cérebro é altamente influenciado por:

- **Imediatismo:** decisões rápidas e reativas são características do cérebro reptiliano. Esse aspecto do cérebro prefere soluções que oferecem gratificação imediata ou resolução rápida de problemas.
- **Simplicidade:** mensagens simples e claras que são fáceis de entender têm mais probabilidade de serem eficazes, pois o cérebro reptiliano evita complexidade.
- **Visceralidade:** estímulos que apelam aos sentidos básicos e causam uma resposta emocional ou física instantânea são mais propensos a serem notados e atuarem como gatilhos de decisão.
- **Segurança:** esse cérebro busca evitar riscos e prefere opções que pareçam seguras e que garantam a conservação dos recursos.

22

# SMART GOALS

## Como definir metas reais e motivadoras?

Em determinada cena do filme *Alice no país das maravilhas* (*Alice in Wonderland*, 1951), a personagem principal se vê de frente com uma encruzilhada e precisa decidir qual caminho escolher. É quando surge um gato e os dois iniciam um curioso diálogo: "Eu só queria saber que caminho tomar" – pergunta Alice. Tranquilamente o gato responde: "Isso vai depender do lugar aonde quer ir". Sem pensar muito, a garota diz: "Não importa!". É quando o animal solta a máxima: "Então, não importa que caminho escolher!". Essa simples cena traduz uma verdade profunda: quando a gente não sabe aonde vai, qualquer caminho servirá.

Ter metas bem definidas pode resultar no sucesso ou fracasso das suas vendas. Na minha empresa, costumo colocar metas na produção, não diretamente no resultado. Por exemplo, eu vendo planos de publicidade em portais de notícias, e os meus clientes são empresários que precisam vender mais. Oriento a minha equipe a fazer três reuniões, com potenciais clientes diferentes, por dia. O desafio da equipe é prospectar e realizar esses encontros diariamente. Existe uma diferença em simplesmente cobrar vendas. No meu caso, coloco pressão e energia para que o meu colaborador consiga realmente atingir o objetivo. Se eu apenas colocasse como meta que ele teria que efetuar a assinatura de um contrato por dia, acabaria colocando a faca no pescoço dele. Afinal, a venda é uma negociação e precisa de outros fatores externos para ser concretizada. Agendar reuniões é algo alcançável e real ao meu vendedor. Isso motiva.

A meta SMART (do inglês *Smart Goals*) é um acrônimo usado para definir um conjunto de critérios que ajudam a estabelecer objetivos claros e alcançáveis. Em inglês, SMART significa: *specific, measurable, achievable, relevant* e *time-bound*. O conceito foi introduzido pela primeira vez na literatura de gestão em 1981 pelo consultor corporativo George T. Doran, em um artigo intitulado *Existe uma maneira S.M.A.R.T. de escrever as metas e objetivos da gestão*.

A importância dessa estratégia reside em sua capacidade de transformar objetivos abstratos em planos concretos e acionáveis, aumentando significativamente as chances de sucesso. Este método proporciona clareza e direção, focando não apenas no que precisa ser alcançado, mas também em como será medido o progresso e definido o sucesso.

Ao estabelecer metas SMART, indivíduos e organizações podem aprimorar o planejamento e a execução de suas ações. A clareza trazida por metas bem definidas ajuda na alocação eficiente de recursos, otimizando o tempo e o esforço investidos em projetos e tarefas. Além disso, as metas facilitam a comunicação e o alinhamento dentro de equipes, garantindo que todos os envolvidos compreendam os objetivos e as expectativas de forma uniforme.

Outro benefício significativo é a motivação. Metas claras e alcançáveis incentivam o engajamento e o comprometimento, oferecendo pontos mensuráveis que servem como incentivo durante o processo. Quando as pessoas veem o progresso sendo feito em direção a um objetivo claramente definido, elas se sentem mais motivadas a continuar trabalhando duro.

As metas SMART permitem avaliações e ajustes mais efetivos. Com critérios claros e prazos estabelecidos, é mais fácil monitorar o desempenho e fazer ajustes necessários para manter os projetos no caminho certo. Assim, essa metodologia não só aumenta a probabilidade de sucesso, mas também aprimora a capacidade de resposta e adaptabilidade em face de desafios e mudanças.

Cada uma das etapas da SMART:

- ***Specific* (específico):** um objetivo deve ser claro e bem definido. Ser específico significa que o objetivo deve detalhar exatamente o que se espera alcançar, quem está envolvido, onde isso ocorrerá e quais são os requisitos ou restrições. Isso ajuda a focar esforços e clarear o que se pretende alcançar, evitando ambiguidades.

- ***Measurable* (mensurável):** para um objetivo ser eficaz, deve ser possível medir o progresso em direção à sua conclusão. Definir critérios mensuráveis permite acompanhar o avanço e saber quando o objetivo foi alcançado. Isso pode incluir números específicos, prazos, ou outros indicadores que permitam quantificar o esforço e o resultado.
- ***Achievable* (alcançável):** embora os objetivos devam ser desafiadores, eles também precisam ser realistas e alcançáveis dentro dos recursos e tempo disponíveis. Um objetivo alcançável é aquele que você tem a capacidade de realizar, levando em conta as habilidades necessárias, o tempo, os recursos financeiros, e outros fatores que podem influenciar a execução.
- ***Relevant* (relevante):** o objetivo precisa ser importante para a pessoa ou a organização e alinhar-se com outros objetivos mais amplos. Um objetivo relevante deve ressoar com valores e objetivos de longo prazo, garantindo que há um motivo claro e um benefício em alcançá-lo.
- ***Time-bound* (temporal):** todo objetivo deve ter um prazo definido. Ter um limite de tempo estabelece um senso de urgência, funciona como um motivador e permite o planejamento de quando certas ações devem ser realizadas. Um prazo claro ajuda a evitar a procrastinação e mantém todos os envolvidos concentrados na meta.

Vendedores podem utilizar as metas SMART para aumentar suas vendas de várias maneiras eficazes, transformando objetivos gerais em estratégias específicas, mensuráveis, alcançáveis, relevantes e temporais. Eles podem criar um plano de ação detalhado, decidindo sobre as estratégias específicas para alcançar cada objetivo. Isso pode incluir o aumento de atividades de prospecção, melhoria nas técnicas de fechamento de vendas, fortalecimento das relações com clientes existentes ou até a capacitação em novas habilidades de venda.

Aqui estão alguns exemplos práticos de como aplicar esse método para impulsionar resultados em vendas:

- **Definição de objetivos específicos:** vendedores podem estabelecer metas específicas para diferentes aspectos de seu trabalho, como aumentar o número de novos clientes, elevar a frequência de compras de clientes existentes, ou introduzir novos produtos no portfólio. Ser específico ajuda a concentrar esforços nas áreas que realmente importam e que trarão mais retorno.
- **Estabelecimento de metas mensuráveis:** para cada objetivo específico, os vendedores devem definir indicadores claros de desempenho. Por exemplo, um aumento de 20% nas vendas mensais, ou a aquisição de 10 novos clientes por mês. Ter metas mensuráveis permite acompanhar o progresso e ajustar as estratégias conforme necessário.
- **Metas alcançáveis:** as metas devem ser realistas, considerando os recursos e capacidades atuais. Estabelecer metas muito ambiciosas pode levar à frustração e desmotivação. Os vendedores precisam avaliar o que é possível com os recursos disponíveis, ajustando as expectativas para evitar o risco de falhas desanimadoras.
- **Relevância das metas:** as metas devem alinhar-se com os objetivos maiores da empresa e com as tendências do mercado. Por exemplo, focar na venda de produtos mais lucrativos ou em mercados em crescimento pode ser mais relevante do que simplesmente tentar vender mais de um produto com margem baixa.
- **Prazos definidos:** definir prazos claros para cada objetivo é crucial. Isso cria um senso de urgência e ajuda a planejar as ações diárias ou semanais que conduzirão ao cumprimento dessas metas. Por exemplo, definir um objetivo trimestral com revisões mensais pode manter os vendedores no caminho certo e motivados.

# 23

# PNL

## Como a Programação Neurolinguística pode ajudar nas vendas?

A Programação Neurolinguística (PNL) é uma abordagem psicológica que se concentra na relação entre padrões de pensamento (neuro), linguagem (linguística) e comportamentos aprendidos através da experiência (programação). Foi desenvolvida nos anos 1970 por Richard Bandler e John Grinder nos Estados Unidos, com o objetivo de entender e modelar a excelência humana.

A PNL baseia-se na ideia de que a mente, o corpo e a linguagem interagem para criar a percepção da realidade de cada pessoa. Os praticantes de PNL acreditam que é possível mudar os pensamentos e comportamentos para alcançar resultados específicos na vida. Eles usam técnicas específicas para reprogramar padrões mentais e ajudar as pessoas a superarem medos, aumentarem a confiança e melhorarem o desempenho em diversas áreas.

Essas técnicas incluem a modelagem de comportamentos de sucesso, a reestruturação da linguagem, para alterar percepções, e o uso de estratégias para mudar estados emocionais. A PNL tem sido aplicada em terapias, na educação, na negociação, na gestão empresarial e no desenvolvimento pessoal.

Ao utilizar técnicas de PNL nas vendas, os vendedores podem experimentar uma série de benefícios significativos que melhoram tanto sua eficiência quanto a qualidade de suas interações com os clientes. Aqui estão alguns dos principais benefícios:

- **Melhora na comunicação:** a PNL proporciona aos vendedores ferramentas para comunicar-se de forma mais clara e eficaz. Isso inclui o uso de linguagem que ressoa com o cliente e a habilidade de adaptar a comunicação ao estilo preferido do ouvinte, seja ele mais visual, auditivo ou cinestésico.
- **Aumento da empatia e do *rapport*:** técnicas de PNL como espelhamento e correspondência ajudam a criar uma conexão mais rápida e profunda com os clientes. Isso pode levar a um ambiente mais confiável e aberto, facilitando as negociações e aumentando as probabilidades de sucesso nas vendas.
- **Gestão de conflitos e objeções:** vendedores treinados em PNL são geralmente melhores em lidar com objeções e resistências durante o processo de vendas. Eles podem usar técnicas para desviar ou reestruturar preocupações dos clientes de maneira positiva e construtiva.
- **Maior confiança e autocontrole:** a PNL ajuda a desenvolver uma maior autoconsciência e controle sobre as próprias emoções e reações. Isso é crucial em vendas, onde a autoconfiança pode ser diretamente percebida pelos clientes, influenciando positivamente as interações.
- **Capacidade de persuasão aumentada:** ao entender e aplicar princípios de como as pessoas formam pensamentos e tomam decisões, os vendedores podem se tornar mais persuasivos, apresentando seus produtos ou serviços de maneira que alinha melhor com as necessidades e desejos do cliente.
- **Desenvolvimento de habilidades de escuta ativa:** a PNL enfatiza a importância da escuta ativa, permitindo aos vendedores entender verdadeiramente as necessidades e problemas dos clientes, resultando em soluções mais adequadas e personalizadas.
- **Resiliência a rejeições:** com técnicas de PNL, os vendedores aprendem a interpretar e responder a rejeições de forma mais

eficaz, o que reduz o impacto emocional negativo e permite uma recuperação mais rápida, mantendo a motivação intacta.

Utilizando a PNL, os vendedores não apenas melhoram suas habilidades de venda, mas também desenvolvem uma abordagem mais holística e humana nas interações comerciais, o que pode levar a resultados de longo prazo mais sustentáveis e satisfatórios.

Durante uma negociação, a Programação Neurolinguística pode ser uma ferramenta valiosa para vendedores, facilitando a criação de *rapport* até o fechamento da venda. Veja como aplicar a PNL na prática:

❖ **Construção de *rapport*:** um dos pilares da PNL é a habilidade de criar uma conexão rápida e eficaz com outras pessoas. Vendedores podem usar técnicas de espelhamento e correspondência – ajustando sua linguagem corporal, tom de voz e ritmo de fala ao da outra pessoa – para construir confiança e empatia.

❖ **Escuta ativa e calibragem:** através da PNL, vendedores podem aprender a ser melhores ouvintes, percebendo não apenas o que é dito, mas como é dito. Isso inclui prestar atenção à linguagem corporal e aos sinais verbais sutis, que podem fornecer pistas sobre as verdadeiras preocupações e necessidades do cliente.

❖ **Reenquadramento:** essa técnica permite ao vendedor apresentar um produto ou situação sob uma nova perspectiva. Por exemplo, em vez de focar no custo de um produto, o vendedor pode reenquadrar a discussão em termos de investimento a longo prazo e retorno sobre esse investimento.

❖ **Ancoragem:** a PNL ensina como associar estados emocionais a gestos, toques ou palavras específicas. Um vendedor pode usar isso para ancorar emoções positivas ao produto ou serviço, reativando essas emoções em momentos-chave da negociação.

- **Uso de metáforas:** são uma maneira poderosa de transmitir conceitos complexos de forma simples e podem ser usadas para conectar-se emocionalmente com o cliente. Elas também são úteis para contornar objeções de forma criativa e indireta.
- **Definição de objetivos e automatização:** a PNL também pode ajudar vendedores a definirem metas claras e a manterem-se motivados. Técnicas de visualização e afirmação podem preparar mentalmente o vendedor para o sucesso, aumentando sua confiança e eficácia.
- **Linguagem hipnótica:** embora menos comum, algumas técnicas de PNL incluem o uso de padrões de linguagem que podem influenciar sutilmente o pensamento e as decisões do cliente, como o uso de comandos embutidos e linguagem sugestiva.

Essas técnicas não apenas aumentam a eficiência em vendas, mas também podem melhorar a comunicação e o relacionamento com os clientes, levando a negociações mais frutíferas e duradouras.

24

# INBOUND SALES

## Como vender infoprodutos de maneira exponencial?

Esta é uma metodologia nova de vendas que ganhou força nos últimos anos com a potência das redes sociais e a venda de infoprodutos: como e-books e cursos on-line. É aquela estratégia que você já viu na sua *timeline* com algum influenciador dizendo: "Quer saber mais? Arraste para cima e participe de uma aula gratuita". Bem-vindo ao conceito de *Inbound Sales*, uma estratégia baseada na metodologia de *Inbound Marketing*.

A ideia por trás do *Inbound Sales* é transformar o processo de venda para que este se alinhe com a jornada do comprador moderno, que costuma buscar informações por conta própria antes de decidir fazer uma compra.

A metodologia surgiu como uma resposta às mudanças nos hábitos de consumo e pesquisa dos compradores, especialmente devido à evolução da internet. Tradicionalmente, vendedores tinham controle sobre a informação de produtos e serviços, o que mudou radicalmente com a facilidade de acesso à informação on-line. Com isso, a metodologia *Inbound* foi desenvolvida pela HubSpot no final dos anos 2000, estendendo os princípios do *Inbound Marketing* para o processo de vendas.

A HubSpot, empresa especializada em software de marketing, vendas e serviço ao cliente, aplicou com sucesso a metodologia de *Inbound Sales*, começando pela produção de uma vasta gama de conteúdo educativo, como *blogs*, e-books e *webinars*, para atrair um grande número de visitantes ao seu site. Com o uso de ferramentas de automação de marketing integradas ao seu CRM, a empresa foi capaz de segmentar esses visitantes com base em seu comportamento e estágio na jornada de compra, permitindo um engajamento mais eficaz com *leads* qualificados. Os representantes de vendas foram treinados para atuar como consultores, oferecendo soluções que se baseiam nas necessidades específicas dos *leads* – e não apenas tentando vender produtos – o que facilitou o fechamento de vendas, alinhando marketing e vendas em uma abordagem centrada no cliente.

O *Inbound Sales* pode ser implementado tanto no mundo on-line quanto off-line, mas é mais comumente associado a estratégias digitais. Isso ocorre porque a metodologia se apoia fortemente em ferramentas on-line para atrair, engajar e converter *leads* através de conteúdo relevante, como páginas de captura, e-mails, mídias sociais e *websites*. Esses elementos são fundamentais para gerar tráfego e capturar dados de *leads*, facilitando uma abordagem de vendas mais personalizada e baseada em informações detalhadas sobre o comportamento e as preferências do cliente.

No entanto, os princípios do *Inbound Sales* também podem ser aplicados em contextos off-line, como eventos, *networkings* ou até mesmo em vendas face a face, sempre mantendo o foco na criação de valor para o cliente e no entendimento de suas necessidades antes de realizar qualquer abordagem de venda.

## Os seis passos do *Inbound Sales*

1. **Atração:** esta é a fase inicial, em que o objetivo é capturar a atenção de potenciais clientes. Isso é feito através da criação e distribuição de conteúdo relevante e valioso, como *blogs*, vídeos, infográficos, e-books, e outros recursos educativos que respondam às perguntas e necessidades do público-alvo. Táticas de SEO (*Search Engine Optimization*) e presença nas redes sociais também são essenciais para aumentar a visibilidade e atrair visitantes para o site da empresa.

2. **Conversão:** uma vez que os visitantes chegam ao site, o próximo passo é convertê-los em *leads*. Isso geralmente é feito por meio de páginas de captura (*landing pages*), onde os visitantes podem trocar suas informações de contato (como nome, e-mail, número de telefone) por algo de valor, como um download gratuito, *webinar* ou uma consulta gratuita. Ferramentas de automação de marketing podem ser usadas para facilitar e otimizar esse processo.

3. **Engajamento:** com os dados dos *leads* em mãos, a fase de engajamento envolve a comunicação direta para entender melhor suas necessidades e interesses específicos. Nesta etapa, o vendedor atua mais como um consultor, utilizando as informações coletadas para oferecer soluções personalizadas e relevantes. O objetivo é estabelecer uma relação de confiança e demonstrar como o produto ou serviço pode resolver os problemas ou atender às necessidades do *lead*.

4. **Educação:** antes de tentar fechar a venda, é importante educar o *lead* sobre como o produto ou serviço pode beneficiá-lo. Isso pode envolver o envio de mais conteúdo educativo, demonstrações de produto, estudos de caso ou testemunhos, e outras formas de provar o valor da oferta.

5. **Fechamento:** após construir o relacionamento e educar o *lead* sobre o valor da oferta, o próximo passo é o fechamento da venda. Nesta fase, o vendedor precisa ser habilidoso para negociar termos, responder a objeções e finalmente concluir a venda de uma maneira que satisfaça as necessidades do cliente.

6. **Pós-venda:** o *Inbound Sales* não termina com a venda. Após o fechamento, é crucial continuar a engajar o cliente com excelente suporte e serviço ao cliente, oportunidades de *Up Selling* ou *Cross Selling* e manutenção regular do relacionamento. Isso ajuda a transformar clientes em promotores da marca, que podem gerar novos *leads* através de referências.

25

# MARKETING SENSE

## Como vender conquistando os cinco sentidos?

Esta é uma poderosa estratégia de vendas muitas vezes ignorada por comerciantes e vendedores. Com o avanço da internet, as lojas físicas devem estar cada dia mais focadas em gerar experiência agradável e memorável ao consumidor. Um atendimento personalizado que fique na mente e no coração dos clientes. Se comunicar e conectar com os cinco sentidos das pessoas é uma estratégia poderosa na arte da fidelização.

O marketing sensorial é uma estratégia que se concentra em engajar os sentidos dos consumidores para criar uma experiência mais rica e emocionalmente envolvente com uma marca ou produto. Essa abordagem aproveita a capacidade dos sentidos humanos – visão, audição, tato, olfato e paladar – para influenciar a percepção do consumidor, a memória e o comportamento de compra. O objetivo do marketing sensorial é estabelecer uma conexão mais profunda com o cliente, aumentando a lealdade à marca e incentivando decisões de compra.

Do inglês *Marketing Sense*, essa estratégia pode diferenciar marcas em mercados saturados, criar associações positivas e memoráveis com produtos, e gerar fidelidade de marca através de experiências emocionalmente ricas e personalizadas. Ela pode levar a um envolvimento mais profundo do consumidor com a marca, promovendo uma melhor retenção de clientes e aumentando as vendas.

O conceito de marketing sensorial não é atribuído a um único criador ou momento específico de invenção, mas sim a uma evolução nas práticas de marketing e nas teorias que reconhecem a importância dos sentidos na experiência do consumidor. No entanto, vários acadêmicos e profissionais de marketing têm contribuído significativamente para o desenvolvimento e a popularização do conceito ao longo do tempo.

Um dos nomes notáveis na área é Martin Lindstrom, que é frequentemente associado ao avanço do marketing sensorial através de seus livros e pesquisas. Lindstrom é um autor e palestrante que destacou a eficácia do marketing sensorial em seu livro *Brand Sense*, onde explora como as marcas podem seduzir os consumidores através dos sentidos. Ele argumenta que as marcas mais fortes criam conexões emocionais e memoráveis com os consumidores ao engajar vários sentidos.

Outro acadêmico importante é Aradhna Krishna, uma professora da Universidade de Michigan, conhecida por seu trabalho pioneiro na área de *sensory* marketing (marketing sensorial). Ela estudou extensivamente como diferentes estímulos sensoriais afetam a percepção do consumidor e o comportamento de compra, e compilou suas descobertas e teorias no livro *Customer Sense: How the 5 Senses Influence Buying Behavior*, 2013.

A Starbucks emprega uma abordagem de marketing sensorial multifacetada para criar uma experiência de marca envolvente e memorável. Dentro de suas lojas, o aroma de café recém-moído domina, complementado por uma seleção cuidadosa de músicas que variam de acordo com o local e a hora do dia para reforçar uma atmosfera acolhedora. O design interior das lojas, com sua iluminação suave e móveis confortáveis e elegantes, juntamente com embalagens distintas, apela visualmente aos clientes, enquanto a qualidade tátil dos móveis e a consistência dos sabores dos produtos garantem uma experiência satisfatória. Esses elementos sensoriais combinados não só aumentam a fidelidade do cliente, mas também estabelecem a Starbucks como um espaço preferido para relaxamento e encontros sociais.

Outro exemplo é o da Melissa. Ela utiliza o marketing sensorial de maneira criativa para fortalecer sua marca no mercado de calçados, destacando-se por incorporar um cheiro de chiclete inconfundível em seus produtos, que evoca nostalgia e alegria. O design dos calçados é visualmente atraente, caracterizado por cores vibrantes e colaborações com artistas renomados, enquanto o material plástico macio e flexível dos sapatos oferece uma experiência tátil confortável e distinta. Além disso, as lojas Melissa, com sua ambientação moderna e acolhedora, complementada por música cuidadosamente selecionada, criam uma atmosfera envolvente que reforça a identidade visual e olfativa da marca. Essa abordagem holística não apenas melhora a experiência de compra, mas também aprofunda a conexão emocional dos clientes com a marca, incentivando a lealdade e o engajamento.

## Componentes do marketing sensorial

- **Visão:** é frequentemente o sentido mais direcionado no marketing. As cores, o design da embalagem, o estilo visual de um anúncio, e a disposição de uma loja são todos elementos visuais cuidadosamente escolhidos para evocar emoções específicas e atrair o consumidor.
- **Audição:** a música e os sons são usados para criar um ambiente ou reforçar uma identidade de marca. Em um ambiente de varejo, por exemplo, a música pode influenciar o quanto tempo os clientes passam na loja e como eles percebem a marca. *Jingles* memoráveis ou sons associados a produtos específicos também podem reforçar o reconhecimento e a lembrança da marca.
- **Tato:** a sensação tátil de um produto pode afetar profundamente a percepção de qualidade e valor. No marketing

sensorial, as texturas, a qualidade dos materiais, e até mesmo a interação física com um produto são considerados para melhorar a experiência do consumidor.

- **Olfato:** o olfato é um sentido particularmente poderoso porque tem uma ligação direta com o sistema límbico, a parte do cérebro responsável pelas emoções e memórias. Marcas podem usar aromas específicos em lojas, produtos ou em seu marketing para evocar memórias e emoções ou para criar uma experiência de marca única.
- **Paladar:** embora seja mais relevante para produtos alimentícios e bebidas, o paladar pode ser uma ferramenta poderosa no marketing sensorial. Degustações e amostras são técnicas comuns para engajar os consumidores e criar uma experiência memorável que pode aumentar a probabilidade de compra.

26

# REPRESENTATIONAL SYSTEMS

## Como identificar os sistemas representacionais?

De acordo com a psicologia, as pessoas absorvem conteúdo e se comunicam com o mundo de quatro formas diferentes. Saber identificar e se conectar com cada um desses sistemas aumenta de maneira significativa as chances de sucesso em um processo de vendas.

Os sistemas representacionais são uma parte fundamental da Programação Neurolinguística (PNL), uma abordagem de comunicação, desenvolvimento pessoal e psicoterapia. Essa teoria propõe que as pessoas processam informações e se comunicam principalmente através de quatro canais sensoriais: visual, auditivo, cinestésico e digital.

A técnica foi desenvolvida na década de 1970 por Richard Bandler e John Grinder, criadores da PNL, que identificaram que diferentes pessoas parecem processar informações predominantes através de diferentes canais sensoriais.

- **Visual:** é o indivíduo que observa. Uma pessoa visual adquire informações principalmente através da visão, reconhecendo objetos por meio de imagens. Tem memória visual acentuada e frequentemente hesita em repetir comandos verbais. Geralmente prefere fazer tudo sozinho a solicitar ajuda ou depender de outros.
- **Auditivo:** é o indivíduo que escuta. Uma pessoa auditiva desfruta de ouvir outros, possui um vocabulário vasto, ex-

pressa-se claramente e utiliza muitos gestos. Aprende melhor através da audição e aprecia momentos de silêncio.

- **Cinestésico:** é o indivíduo que experimenta sensações. O cinestésico aprecia abraçar, dançar e sentir. São pessoas que reconhecem o mundo através do tato, do movimento e da experimentação prática. São também altamente intuitivos e dão grande importância ao ambiente em que estão.
- **Digital:** é o indivíduo que escuta e compreende. Uma pessoa digital formula muitas indagações e necessita de extensas informações. Indivíduos com essas características analisam as ideias para verificar se são coerentes e mantêm constante diálogo interno. Enfrentam desafios de concentração, tornando a leitura uma fraqueza.

## Como identificar cada perfil

Identificar o sistema representacional predominante de uma pessoa, segundo a Programação Neurolinguística (PNL), pode ser feito através de uma série de técnicas observacionais e interativas.

- **Observação da linguagem verbal:** prestam atenção em palavras-chave. Pessoas frequentemente usam palavras que refletem seu sistema representacional predominante. Por exemplo, visuais podem dizer "vejo", "parece", "claro"; auditivos podem usar "ouço", "soa", "diga"; cinestésicos podem falar em termos de "sinto", "duro", "confortável"; e digitais podem usar "entendo", "processo", "aprendo". Note também o estilo de conversa de cada um. Auditivos podem preferir discutir e ouvir, enquanto cinestésicos podem gostar de conversas que envolvam emoções e sensações.
- **Observação de comportamento não verbal:** fique atento aos movimentos dos olhos. Padrões de movimento ocular podem indicar o sistema representacional. Por exemplo, olhar para cima geralmente é associado a pensamentos visuais, para o lado

a pensamentos auditivos e para baixo a sentimentos cinestésicos ou diálogo interno (digital). Os gestos também dizem muito. Visuais podem fazer gestos no nível dos olhos, auditivos podem gesticular em direção aos ouvidos e cinestésicos podem usar gestos que envolvem todo o corpo ou tocar o interlocutor.

❖ ***Feedback* direto:** utilize o poder das perguntas direcionadas. Fazer perguntas que requerem o uso de diferentes sistemas representacionais pode revelar a preferência da pessoa. Por exemplo, perguntar "Como você descreveria isso visualmente?" *versus* "O que você sente sobre isso?". E sempre analise as respostas. A maneira como alguém responde a questões específicas pode indicar seu sistema predominante, como detalhamento técnico para digitais ou descrições visuais detalhadas para visuais.

❖ **Testes estruturados:** existem questionários projetados para identificar o sistema representacional predominante de uma pessoa. Esses questionários avaliam as respostas a uma variedade de cenários e preferências comunicativas.

❖ **Análise do ambiente e preferências pessoais:** preste atenção na organização do espaço de trabalho do indivíduo. Um espaço cheio de imagens e gráficos pode indicar um visual, enquanto um espaço organizado com listas e documentos pode sugerir um digital. Avalie também as preferências de aprendizado de cada um. Perguntar sobre como alguém prefere receber informações, como por vídeos, palestras, ou atividades práticas, pode também indicar seu sistema representacional.

Ao aplicar essas técnicas, é importante manter uma abordagem flexível e observacional, pois muitas pessoas utilizam uma combinação de sistemas representacionais, dependendo do contexto e da tarefa em mãos. Reconhecer e adaptar-se a essas preferências pode melhorar significativamente a comunicação e a eficácia em diversas situações, como em vendas, educação e liderança.

Vendedores podem aumentar significativamente suas vendas ao adaptar suas técnicas e abordagens de acordo com os quatro sistemas representacionais. Na prática, quem trabalha com vendas pode começar uma interação observando as pistas verbais e não verbais dos clientes para identificar seus sistemas representacionais predominantes. Ajustar a apresentação e a comunicação de acordo com essas preferências não só melhora a receptividade e o engajamento do cliente, mas também aumenta as chances de fechar uma venda. Implementar treinamentos que ensinem a identificar e adaptar abordagens com base nesses sistemas pode ser uma estratégia valiosa para equipes de vendas.

Como vender para cada um dos quatro tipos de clientes:

- **Clientes visuais:** use demonstrações visuais. Apresente produtos através de vídeos, imagens de alta qualidade e demonstrações ao vivo. Isso ajuda o cliente visual a "ver" os benefícios do produto. Crie materiais de marketing atraentes. Certifique-se de que folhetos, *websites* e catálogos sejam visualmente atraentes, com *layouts* claros e cores que chamem a atenção. Descreva cenários. Use descrições que ajudem o cliente a visualizar como eles podem usar e se beneficiar do produto ou serviço. Em uma venda por WhatsApp, faça videochamadas ou grave vídeos.
- **Clientes auditivos:** enfatize diálogos e histórias. Fale sobre o produto e compartilhe histórias de sucesso de outros clientes. Sons de produtos (como o motor de um carro) também podem ser destacados. Use música e elementos sonoros em anúncios. Músicas que evocam emoções ou *jingles* podem ser muito eficazes para capturar a atenção do cliente auditivo. Mantenha a clareza na comunicação verbal. Fale de forma clara e direta, utilizando um tom de voz que seja agradável e convidativo. Pelo WhatsApp, faça ligações ou envie áudios.

- **Clientes cinestésicos:** deixe o cliente tocar e experimentar o produto. Proporcionar uma experiência prática é essencial. Permita que o cliente manuseie o produto, use amostras ou faça um *test drive*. Envolva emoções e sensações. Fale sobre como o produto pode fazer o cliente se sentir, seja através do conforto, segurança ou a emoção de possuir algo novo. Use linguagem que envolva ação e sensações. Empregue verbos de ação e descrições que envolvam sentir e fazer parte da experiência. Pelo WhatsApp, mostre humanidade. Seja sincero e disposto a conversar de maneira atenciosa e personalizada.
- **Clientes digitais:** apresente informações de forma estruturada. Forneça detalhes técnicos e especificações em uma sequência lógica e organizada. Use dados e análises para persuadir. Fornece estatísticas, estudos de caso e análises comparativas que suportem a eficácia ou o valor do produto. Responda detalhadamente a perguntas. Esteja preparado para responder a perguntas profundas e fornecer explicações detalhadas que satisfaçam a necessidade de compreensão lógica do cliente. Pelo WhatsApp, envie e-books ou textos detalhados.

27

# MEDDIC

## Como qualificar os potenciais clientes?

Voltamos à questão sobre a importância de o vendedor ter técnicas que permitam a ele qualificar de maneira assertiva seus potenciais clientes. Essa é uma metodologia antiga, mas que pode ainda ser muito útil na "caixa de ferramentas" dos consultores modernos.

A metodologia de vendas MEDDIC é um processo de qualificação de vendas desenvolvido originalmente para empresas de tecnologia com um modelo de negócios *business-to-business* (B2B). Foi criada nos anos 1990 por Dick Dunkel e Jack Napoli enquanto eles estavam na PTC, uma empresa de *software* de engenharia, com o objetivo de melhorar a eficácia das vendas em um ambiente de vendas complexas e de alto valor.

A PTC operava em um mercado altamente competitivo e técnico, oferecendo soluções de *software* que muitas vezes exigiam um investimento substancial e uma mudança operacional significativa por parte dos clientes. A empresa percebeu que precisava de uma abordagem mais estruturada para suas vendas, uma que pudesse melhorar a eficácia e a eficiência de seu processo de vendas.

Jack Napoli e Dick Dunkel, observando as interações de vendas e identificando padrões nos sucessos e falhas, sistematizaram essas observações na metodologia MEDDIC. Eles focaram em criar uma abordagem que permitisse aos vendedores qualificar, de maneira mais eficaz, os potenciais clientes, compreender profundamente suas necessidades e o processo de tomada de decisão, e construir um caso convincente para a solução oferecida pela PTC.

O impacto da metodologia pode ser significativo, especialmente em ambientes onde as vendas são complexas e os valores envolvidos são altos. Ao se concentrar em aspectos qualitativos e quantitativos do processo de compra, os vendedores podem aumentar a eficiência de suas vendas, reduzir os ciclos de vendas e aumentar a taxa de conversão.

O acrônimo MEDDIC destaca uma área específica de foco que ajuda os vendedores a avaliar e avançar as oportunidades de venda de forma mais eficaz.

- ***Metrics* (métricas):** refere-se aos indicadores-chave de desempenho que o cliente potencial utiliza para medir o sucesso em sua operação. Entender essas métricas permite ao vendedor demonstrar como o produto ou serviço pode impactar positivamente o negócio do cliente. Isso envolve discutir melhorias quantificáveis, como aumento de receita, redução de custos, aumento de produtividade ou qualquer outra métrica relevante que o cliente valorize. A apresentação desses benefícios em termos numéricos ajuda a criar um argumento de venda forte e orientado a dados.
- ***Economic buyer* (comprador econômico):** é a pessoa dentro da organização do cliente que tem o poder e a autoridade para tomar a decisão de compra e alocar o orçamento para ela. Identificar e entender o comprador econômico é crucial porque é esta pessoa quem ultimamente dará o "sim" final. Conhecer suas prioridades, critérios de decisão e pontos de dor pode orientar a abordagem de venda para abordar especificamente suas necessidades e preocupações.
- ***Decision criteria* (critérios de decisão):** são os padrões ou *benchmarks* que o cliente usa para avaliar e comparar soluções potenciais. Isso pode incluir especificações técnicas, suporte pós-venda, preço, ROI (retorno sobre o investimento), eficiência, conformidade regulatória, entre outros.

Compreender esses critérios ajuda o vendedor a ajustar sua proposta para se alinhar melhor com as expectativas e requisitos do cliente.

- ***Decision process* (processo de decisão):** detalha como a decisão de compra será tomada dentro da organização do cliente. Isso inclui quem precisa ser consultado, quais etapas são necessárias, quais documentos ou aprovações são exigidos, e quais são os prazos para a tomada de decisão. Compreender esse processo permite ao vendedor planejar sua abordagem de venda de modo a sincronizar com o ritmo e as etapas internas do cliente, garantindo que todas as informações e aprovações necessárias sejam obtidas no momento certo.
- ***Identify pain* (identificar dor):** envolve descobrir os desafios, problemas ou áreas de insatisfação que o cliente está enfrentando. Esta etapa é vital porque permite ao vendedor posicionar seu produto ou serviço como a solução ideal para esses problemas específicos. Ao focar nas "dores" do cliente, o vendedor pode demonstrar empatia e propor soluções personalizadas que ressoem diretamente com as necessidades do cliente.
- ***Champion* (campeão):** é alguém dentro da organização do cliente que apoia a solução proposta e tem influência suficiente para advogar em favor dela. Este campeão é um aliado interno que conhece a organização e pode ajudar a navegar pelas complexidades internas, superar objeções e promover a solução. Identificar e desenvolver um campeão é crucial para gerar apoio interno e facilitar o processo de venda.

Ao aplicar o MEDDIC, os vendedores podem aumentar significativamente suas chances de sucesso ao garantir que estão trabalhando com *prospects* qualificados que têm um alto potencial de conversão. Essa abordagem metódica ajuda a criar uma compreensão profunda do cliente e a alinhar a proposta de venda às suas necessidades específicas, maximizando a eficácia das interações de vendas.

# 28

# THE NEW ABC'S OF SELLING

## Como abordar de forma empática, resiliente e clara?

Essa é uma estratégia que evoluiu a partir de outra. Ela traz uma verdadeira orientação sobre como o vendedor deve se comportar durante uma negociação de vendas. Ao invés de incentivar que o profissional seja insistente e duro, forçando o fechamento, propõem-se que haja mais empatia e conexão entre vendedor e cliente.

O Novo ABC de vendas (*The New ABC's of Selling*) é uma metodologia proposta pelo autor Daniel Pink no livro *To Sell Is Human: The Surprising Truth About Moving Others*, 2012. No Brasil o livro ganha o título de *Vender é humano*. Traz uma nova abordagem para a sigla ABC, originalmente conhecida como *Always Be Closing* (sempre esteja fechando), promovendo uma mudança significativa na forma como os profissionais de vendas lidam com clientes e conduzindo para um estilo de vendas mais centrado no cliente. O Novo ABC representa A: *attunement* (sintonização), B: *buoyancy* (resiliência) e C: *clarity* (clareza).

A nova proposta de Daniel Pink desafia os vendedores a repensar sua abordagem tradicional. Em vez de focar em "fechar" agressivamente, ela promove uma abordagem mais empática, resiliente e clara, na qual o vendedor atua como consultor e parceiro. Ao seguir esses princípios, os profissionais de vendas conseguem estabelecer relacionamentos mais sólidos, identificar oportunidades de forma mais precisa e fornecer soluções que efetivamente atendam às necessidades dos clientes modernos.

A metodologia representa uma mudança de mentalidade, valorizando o entendimento profundo do cliente, a capacidade de superar desafios com positividade e a oferta de soluções claras e relevantes, redefinindo o papel do vendedor na era contemporânea.

## ABC na prática

- *Attunement* **(sintonização):** a sintonização refere-se à capacidade de se conectar com os outros, compreender suas perspectivas e construir empatia. Na metodologia de Daniel Pink, é fundamental que os vendedores consigam se colocar no lugar dos clientes, entendendo suas necessidades, desejos e desafios. Sintonizar-se com os clientes permite que os vendedores criem soluções que verdadeiramente os beneficiem. Pink também ressalta a importância de encontrar um equilíbrio entre a simpatia e a assertividade, sendo flexível sem perder a capacidade de liderar e influenciar.
- ***Buoyancy*** **(resiliência):** a resiliência ou "flutuabilidade" é a capacidade de se manter positivo e resiliente diante das inevitáveis rejeições e dificuldades que fazem parte da profissão de vendas. Daniel Pink propõe um processo de três etapas para desenvolver essa resiliência: (1) autoconfiança pré-interação: usar a autoafirmação positiva antes de uma interação para elevar a confiança; (2) otimismo durante a interação: manter uma atitude otimista durante a conversa com os clientes, focando nos aspectos positivos; e (3) autorreflexão pós-interação: após cada interação, analisar os pontos fortes e fracos, aprendendo com a experiência para aprimorar futuras abordagens.
- ***Clarity*** **(clareza): a** clareza, no contexto do Novo ABC de vendas, é a habilidade de identificar claramente os problemas dos clientes e fornecer soluções relevantes. Pink argumenta que os vendedores devem ir além de simplesmente responder às demandas dos clientes. Eles devem ajudá-los a entender os desafios de forma mais profunda, trazendo à luz problemas que os próprios clientes não identificaram. Isso envolve: (1) diagnosticar ao invés de prescrever, compreender os problemas antes de oferecer soluções; (2) enquadrar o valor, apresentar as propostas de maneira que agreguem valor ao cliente; e (3) ajudar na decisão, simplificar a escolha, fornecendo opções claras e informações relevantes.

29

# SNAP SELLING

## Como vender para clientes estressados e sobrecarregados?

Vivemos em uma sociedade cada vez mais agitada e sobrecarregada. O Brasil é o segundo país com o maior número de pessoas estressadas do planeta, segundo uma pesquisa realizada pela International Stress Management Association no Brasil (ISMA-BR). Cerca de 72% da população brasileira se sentem estressadas no ambiente de trabalho e 32% sofrem Síndrome de *Burnout* – o esgotamento profissional. Essas mesmas pessoas são os nossos potenciais clientes que vamos apresentar e negociar nossos planos. Saber lidar com esse perfil é extremamente estratégico e saudável. Essa é a proposta desta moderna metodologia.

Segundo o *SNAP Selling*, os compradores de hoje enfrentam um caso grave da "síndrome do cliente esgotado". Eles estão estressados, sobrecarregados e exaustos, o que os deixa paralisados diante das inúmeras opções disponíveis no mercado para resolver seus problemas, resultando muitas vezes na ausência de decisão.

Criada pelo estrategista em vendas Jill Konrath, ela é uma abordagem projetada para ajudar os profissionais a navegar e prosperar em mercados cada vez mais complexos e saturados de informações. O emprego do termo SNAP vem do inglês, que traduzido significa "estalar de dedos". Essa palavra faz analogia à rapidez de um estalo. O acrônimo representa quatro princípios fundamentais que são essenciais para facilitar o processo de decisão de compra dos clientes, especialmente aqueles que estão sob pressão constante e enfrentam uma avalanche de opções diariamente. Esses princípios são: *Simplicity* (simplicidade), *iNvaluable* (inestimável), *Align* (alinhamento) e *Priority* (prioridade).

Os clientes cansados, ou *frazzled customers*, são aqueles que estão constantemente sobrecarregados pela quantidade de informações, pressão de tempo, e decisões que precisam tomar diariamente. Esses clientes enfrentam desafios específicos que influenciam profundamente seu comportamento de compra e a maneira como interagem com vendedores. Aqui estão algumas características de como esses clientes pensam e agem, conforme a *SNAP Selling*:

1. **Superocupados e com falta de tempo:** clientes cansados geralmente lidam com agendas cheias e têm pouco tempo para dedicar a decisões que não sejam imediatamente urgentes. Eles valorizam interações que são diretas e que não exigem um grande investimento de tempo.
2. **Céticos e avessos ao risco:** devido à quantidade de ofertas e informações que recebem, esses clientes tendem a ser céticos quanto a novos produtos ou serviços. Eles preferem soluções testadas e comprovadas que apresentem o mínimo de risco possível.
3. **Busca por simplicidade:** dada a complexidade de seu ambiente de trabalho e a pressão constante sob a qual estão, clientes cansados favorecem soluções que simplifiquem suas vidas. Eles se inclinam para opções que são fáceis de entender e que possam ser implementadas sem complicações adicionais.
4. **Valorizam a eficiência:** esses clientes têm uma preferência marcante por processos de venda que sejam eficientes e sem desperdícios. Eles apreciam vendedores que vão direto ao ponto, apresentam suas propostas de valor claramente e ajudam a acelerar o processo de tomada de decisão.

5. **Decisões orientadas por resultados imediatos:** clientes cansados estão mais interessados em soluções que prometem e entreguem resultados rápidos e tangíveis. Eles são menos propensos a se envolver em soluções que requeiram longos períodos de avaliação ou que só ofereçam benefícios a longo prazo.

6. **Alto valor em relacionamentos confiáveis:** embora estejam céticos, esses clientes valorizam fortemente relacionamentos comerciais baseados na confiança. Eles tendem a se engajar mais profundamente com vendedores que demonstram compreensão clara de suas necessidades e que se esforçam para agir como consultores ou parceiros confiáveis, em vez de meros fornecedores.

A metodologia é projetada para ajudar os vendedores a se conectarem de maneira mais eficaz com esses clientes, orientando-os a simplificar a experiência de compra, posicionar-se como recursos valiosos, alinhar suas ofertas diretamente com as necessidades do cliente, e priorizar a urgência na tomada de decisão. Ao fazer isso, os vendedores podem não só captar a atenção desses clientes, mas também ganhar sua confiança e negócios de maneira mais eficiente.

SNAP, na prática:

- ***Simplicity*** **(simplicidade):** este princípio orienta os vendedores a simplificar a experiência de compra do cliente. Em um mundo onde os clientes estão frequentemente sobrecarregados com informações, a simplicidade pode ser um grande diferencial. O objetivo é tornar o processo de tomada de decisão tão claro e descomplicado quanto possível, eliminando barreiras que possam atrasar ou complicar a compra.
- ***Invaluable*** **(inestimável):** aqui, o foco está em demonstrar valor de forma contundente. Os vendedores devem se posicionar como recursos inestimáveis para seus clientes, ofe-

recendo *insights*, soluções e apoio que vão além do produto ou serviço vendido. O objetivo é ser visto como um parceiro estratégico essencial, não apenas como um fornecedor.

- ***Align* (alinhamento):** este princípio enfatiza a importância de alinhar o que se está vendendo com as necessidades específicas e os objetivos do cliente. Os vendedores devem entender profundamente os desafios que seus clientes enfrentam e demonstrar claramente como seus produtos ou serviços podem resolver esses problemas ou ajudar a alcançar seus objetivos.
- ***Priority* (prioridade):** o último princípio do método SNAP envolve ajudar o cliente a entender por que a decisão de compra deve ser vista como uma prioridade. Isso envolve comunicar os benefícios tangíveis e os resultados positivos que o cliente pode esperar, incentivando-o a agir rapidamente.

Em suma, a metodologia SNAP é projetada para cortar o ruído e focar no que realmente importa para os clientes. Ao adotar essa abordagem, os vendedores podem aumentar sua eficácia, acelerar o ciclo de vendas e criar relacionamentos mais profundos e produtivos com os clientes, resultando em benefícios mútuos duradouros.

30

# 5W2H

## Como vender usando técnicas do jornalismo?

Eu estudei essa metodologia a fundo quando fiz a minha graduação de Jornalismo. Todo bom repórter é treinado a responder às principais perguntas sobre um fato logo no primeiro parágrafo da notícia. Conhecido como *lead*, essa primeira parte do texto traz de maneira resumida o que aconteceu, quando aconteceu, quem foram os envolvidos, entre outras informações. Anos mais tarde, descobri que essa mesma técnica também era usada por gestores e vendedores do mundo todo.

A técnica 5W2H evoluiu a partir de práticas gerenciais e de qualidade, incorporando questões fundamentais usadas tradicionalmente no jornalismo (os *"5 Ws" – Who, What, When, Where, Why*) e adicionando aspectos práticos de implementação (*How, How much*) para adaptação em gerenciamento de projetos e processos. Ela não é atribuída a um único criador específico.

A metodologia começou a ganhar popularidade como uma ferramenta de planejamento detalhado que ajuda a garantir que todos os aspectos de um projeto ou tarefa sejam cuidadosamente considerados antes da execução. Ela é especialmente útil em ambientes que seguem práticas de qualidade, ajudando a estruturar pensamentos e planos de ação de maneira lógica e organizada.

A técnica pode ser muito eficaz em um processo de vendas, pois ajuda a estruturar e planejar cada etapa da venda de forma detalhada, garantindo que todos os aspectos importantes sejam considerados. Aqui estão algumas formas como a técnica 5W2H pode ser aplicada ao processo de vendas:

- ***What* (O que?):** define claramente o que será vendido. No contexto de vendas, isso significa entender o produto ou serviço em detalhes – suas características, seus benefícios e como ele se diferencia dos concorrentes. Isso ajuda o vendedor a comunicar valor de maneira eficaz ao cliente.
- ***Why* (Por que?):** explica a razão da venda. Isso inclui entender por que o cliente deveria estar interessado no produto – quais problemas ele resolve ou que desejo atende. Essa compreensão ajuda o vendedor a alinhar o produto com as necessidades e motivações específicas do cliente.
- ***Where* (Onde?):** identifica onde a venda ocorrerá. Isso pode ser no ambiente físico (loja, escritório) ou on-line. Entender o local permite ao vendedor preparar-se para apresentar o produto nas condições mais favoráveis.
- ***When* (Quando?):** especifica quando a venda deve acontecer. Isso pode envolver o *timing* ideal para abordar o cliente, como períodos de maior demanda ou quando um cliente está mais disposto a fazer uma compra, baseado em análises de comportamento de compra.
- ***Who* (Quem?):** define quem está envolvido na venda. Isso não apenas inclui identificar o cliente-alvo correto, mas também qualquer outra pessoa que possa influenciar a decisão de compra, como gestores ou outros tomadores de decisão.
- ***How* (Como?):** descreve como a venda será realizada. No processo de vendas, isso se traduz em estratégias e técnicas de venda, como consultoria de vendas, vendas cruzadas e técnicas de fechamento. Também pode incluir o processo pós-venda para garantir a satisfação do cliente.
- ***How much* (Quanto custa?):** define o custo do produto ou serviço. Saber o preço permite ao vendedor discutir abertamente sobre o custo-benefício e negociar, se necessário, para fechar a venda.

Utilizando a técnica 5W2H, vendedores podem melhorar significativamente seu desempenho ao estabelecer um plano claro e objetivo para cada etapa do processo de venda. Além disso, essa estrutura ajuda a identificar e solucionar falhas no processo de vendas, garantindo uma abordagem mais sistemática e menos sujeita a erros ou omissões.

# 31

# ZOPA

## Como chegar ao acordo ideal com o cliente?

Negociar é chegar a um acordo bom para todas as partes envolvidas. A venda acontece quando esse acordo beneficia tanto vendedor quanto cliente de maneira equilibrada e justa. A proposta desta estratégia é mostrar um caminho para a conquista deste tão almejado acordo.

A metodologia ZOPA vem do inglês *Zone Of Possible Agreement* e significa "zona de possível acordo". Ela é um conceito que se origina nas teorias da negociação e economia. Essencialmente, refere-se à faixa de preço ou aos termos em que as partes envolvidas em uma negociação estão dispostas a concordar. A ideia é que, para uma negociação ser bem-sucedida, deve existir uma sobreposição nas expectativas de ambas as partes, em que as ofertas mínimas e máximas encontram um terreno comum.

A técnica não foi criada por uma única pessoa, mas é um conceito que emergiu das teorias de negociação ao longo do tempo. A estratégia ganhou projeção pelo trabalho de acadêmicos como Roger Fisher e William Ury que, no livro *Getting to Yes*, publicado em 1981, exploram extensivamente técnicas de negociação baseadas em interesses, que ajudam a identificar a ZOPA em situações de conflito e negociação. Esses autores ajudaram a popularizar e aprofundar a compreensão do conceito em um contexto prático de resolução de disputas e negociação eficaz.

Essa técnica foi desenvolvida com base na compreensão de que todas as negociações envolvem limites operacionais e expectativas de ambas as partes, sendo fundamentais para entender até onde cada parte pode ceder sem comprometer seus objetivos essenciais.

Ao identificar a ZOPA, os negociadores podem focar em soluções que maximizam o benefício mútuo, evitando impasses desnecessários. No contexto de vendas, isso significa ajustar a proposta de valor para que se alinhe com as necessidades e possibilidades do comprador, mantendo ao mesmo tempo a viabilidade para o vendedor.

Portanto, a aplicação dessa metodologia implica um estudo cuidadoso das preferências e limites tanto do vendedor quanto do comprador, garantindo que o acordo final seja vantajoso para ambos. Esse entendimento permite que as negociações sejam conduzidas de maneira mais eficaz e direcionada, aumentando a probabilidade de fechar negócios que satisfaçam todas as partes envolvidas.

## Passo a passo da ZOPA

- **Determinação dos interesses:** primeiramente, cada parte na negociação deve entender claramente seus próprios interesses, bem como os do outro lado. Isso inclui identificar não apenas o que cada parte quer, mas por que quer; o que permite um entendimento mais profundo das necessidades subjacentes.
- **Estabelecimento dos limites:** cada parte precisa estabelecer seus limites mínimos e máximos. No caso de uma negociação de vendas, isso pode ser o preço mínimo que o vendedor está disposto a aceitar e o preço máximo que o comprador está disposto a pagar.
- **Procura pela sobreposição:** com os limites estabelecidos, o próximo passo é identificar se existe uma sobreposição entre eles. Essa sobreposição, se existir, constitui a ZOPA. Por

exemplo, se um vendedor não aceita menos de 100 reais por um item e o comprador não quer pagar mais do que 120, a ZOPA está entre 100 e 120 reais.

- **Exploração de concessões e alternativas:** dentro da ZOPA, as partes exploram concessões e alternativas para alcançar um acordo que seja satisfatório para ambos. Isso pode envolver ajustes no preço, mas também em outros termos do acordo, como prazos de entrega, qualidade do produto, serviços adicionais, entre outros.
- **Comunicação efetiva:** durante toda a negociação, a comunicação clara e aberta é essencial. As partes devem expressar seus interesses e limites de maneira transparente e buscar compreender os do outro lado, utilizando a empatia e a escuta ativa para facilitar o processo.
- **Fechamento do acordo:** uma vez que um ponto de acordo dentro da ZOPA é encontrado – e ambas as partes estão satisfeitas com os termos negociados – o acordo é formalizado. Isso pode envolver a assinatura de contratos ou outros meios de formalização.

Utilizar a ZOPA efetivamente permite que as negociações sejam mais direcionadas e menos propensas a conflitos inúteis, pois as partes estão cientes de onde o acordo é possível e podem trabalhar ativamente para explorar essa zona. Essa abordagem não só economiza tempo, como também constrói uma base para relações comerciais duradouras e produtivas.

# 32

# SANDLER SELLING

## Como se comportar como um consultor profissional?

Uma estratégia que defende que o vendedor deve se comportar mais como um consultor profissional e não pressionar a venda a qualquer custo. Desenvolvida em princípios de psicologia e comunicação, o *Sandler Selling System* é uma metodologia de vendas eficaz para transformar o processo de vendas de um cenário de persuasão para um de colaboração.

Foi desenvolvida em 1967, por David H. Sandler, um vendedor e psicólogo por formação, que criou esse sistema de vendas inovador como uma resposta às técnicas tradicionais de vendas de alta pressão que dominavam a época. Ele percebeu que esses métodos frequentemente colocavam vendedores e compradores em posições opostas, criando um ambiente de confronto ao invés de colaboração.

Esse sistema é eficaz especialmente em vendas complexas e de alto valor, onde as decisões de compra são significativas e exigem consideração cuidadosa. Ele transforma a dinâmica de vendas, focando menos em fazer uma venda a qualquer custo e mais em criar uma solução verdadeiramente valiosa para o cliente, estabelecendo, assim, uma base para relacionamentos de longo prazo e confiança.

David Sandler observou que os métodos de vendas convencionais muitas vezes levavam a interações superficiais e focadas apenas no fechamento rápido de vendas, sem considerar as necessidades reais dos clientes. Isso resultava em clientes insatisfeitos e vendedores frustrados. Ele propôs um sistema que mudaria o papel do vendedor de um simples fornecedor de produtos para o de um consultor confiável.

A metodologia *Sandler Selling* utiliza a metáfora de um submarino para ilustrar sua abordagem única. Dividida em sete estágios progressivos – assim como as diferentes seções de um submarino – cada seção do submarino representa uma fase distinta do processo de venda, começando pela construção de relacionamento, passando pela qualificação de dor, orçamento e decisão, até chegar ao fechamento e ao pós-venda.

Essa metáfora ajuda a visualizar o processo de venda como uma viagem contínua e interconectada, em que cada etapa é crucial e deve ser hermeticamente selada antes de se avançar para a próxima. Essa abordagem não só enfatiza a importância de uma progressão ordenada e metódica nas vendas, mas também destaca a necessidade de atenção completa em cada fase, garantindo que todos os "compartimentos" estejam seguros para evitar falhas no processo de venda.

Conheça as sete fases do submarino na metodologia Sandler Selling:

- ***Rapport*:** o objetivo da primeira etapa é criar uma conexão pessoal e de confiança com o cliente onde o vendedor concentra-se em estabelecer uma boa comunicação, utilizando técnicas de empatia e escuta ativa. A proposta é criar um ambiente confortável e acolhedor onde o cliente se sinta à vontade para expressar suas necessidades e preocupações.
- **Acordo:** nesta etapa o vendedor define as expectativas e os parâmetros da interação de vendas. Antes de prosseguir para discussões mais profundas, o vendedor e o cliente estabelecem um "contrato" claro sobre o que será discutido, os objetivos da reunião e o que cada parte espera alcançar. Isso

ajuda a manter o foco e a direção durante todo o processo de vendas, evitando mal-entendidos.

- **Dor:** aqui o vendedor tem a missão de descobrir as verdadeiras necessidades ou "dores" do cliente. O consultor utiliza uma série de perguntas estratégicas para ajudar o consumidor a identificar e verbalizar os problemas que enfrenta. Este é um momento crucial, pois entender as dores do cliente permite ao vendedor posicionar sua oferta como a solução ideal para esses problemas específicos.
- **Orçamento:** o objetivo desta etapa é determinar a capacidade e a disposição do cliente para investir financeiramente na solução. O vendedor discute o orçamento com o cliente explorando não apenas a disponibilidade de recursos financeiros, mas também a prioridade do cliente em resolver os problemas identificados. Isso ajuda a alinhar as expectativas sobre o custo da solução proposta com a disposição do cliente para o investimento.
- **Decisão:** aqui a missão é clarificar o processo de tomada de decisão do cliente. O vendedor procura entender quem são os tomadores de decisão e como a decisão será tomada. Isso inclui discutir quaisquer critérios específicos que o cliente usará para avaliar a solução proposta, ajudando o vendedor a personalizar sua apresentação de vendas de acordo com esses critérios.
- **Apresentação:** nesta fase, o vendedor é orientado a apresentar a solução de uma forma que atenda às necessidades identificadas do cliente. Com base na compreensão das dores do cliente e dos critérios de decisão, o vendedor apresenta a solução, destacando como ela resolve os problemas identificados e como trará valor ao cliente. Esta etapa é crucial para solidificar a percepção do cliente de que a oferta é a melhor escolha possível.

- **Pós-venda:** por fim, a última etapa visa garantir a satisfação do cliente e estabelecer bases para relacionamentos de longo prazo. Após a venda, o vendedor continua a interagir com o cliente, para garantir que ele esteja satisfeito com a solução e para resolver quaisquer questões ou preocupações pós-compra. Esta etapa é vital para reforçar a confiança do cliente, incentivar compras repetidas e gerar referências.

33

# SOLUTION SELLING

## Como solucionar a dor do seu cliente?

Entender quais são as reais necessidades dos seus potenciais clientes vai facilitar muito a sua jornada como vendedor. Compreender quais são as dores que ele tem diariamente torna o processo de vendas mais eficaz e profissional.

A metodologia *Solution Selling* foi desenvolvida por Michael Bosworth no final dos anos 1970. Ele era um especialista em Vendas e Marketing e criou essa abordagem como uma resposta à necessidade de um processo mais eficaz para vender produtos e serviços complexos em ambientes B2B (empresas para empresas).

Naquela época, as técnicas de venda tradicionais muitas vezes se concentravam em características e benefícios do produto, presumindo que esses aspectos por si só persuadiriam os compradores a fazer uma compra. No entanto, Bosworth reconheceu que os clientes empresariais estavam procurando soluções que resolvessem problemas específicos do negócio, e não apenas produtos.

Com base nessa compreensão, Bosworth desenvolveu o *Solution Selling* como um método que incentiva os vendedores a se aprofundarem nas necessidades específicas de cada cliente e a colaborarem com eles para criar soluções personalizadas. Essa abordagem centrada no cliente se distanciou de simplesmente empurrar produtos para realmente entender e solucionar os problemas enfrentados pelos clientes.

Desde a sua concepção, a metodologia evoluiu e foi adaptada por várias organizações e treinadores de vendas em todo o mundo. Tornou-se uma das estratégias de vendas mais influentes, e é frequentemente ensinada em programas de treinamento de vendas corporativas, especialmente adequada para ambientes onde as soluções são complexas e altamente personalizadas.

O desenvolvimento do *Solution Selling* marcou uma mudança significativa na maneira como as interações de vendas são conduzidas, especialmente em setores onde entender as necessidades do cliente é crucial para o sucesso das vendas. Ela continua relevante hoje, especialmente à medida que as soluções se tornam cada vez mais integradas e dependentes de uma compreensão profunda dos desafios do cliente.

Na prática, o *Solution Selling* é altamente interativo e consultivo. Os vendedores agem como consultores de confiança, usando suas habilidades de escuta ativa e questionamento para desvendar as necessidades do cliente. A partir daí, eles utilizam seu conhecimento dos produtos e serviços para criar uma solução personalizada que resolva esses problemas de maneira eficaz.

Essa metodologia ajuda a criar relacionamentos de longo prazo com os clientes, pois foca em fornecer valor real e tangível, em vez de simplesmente vender um produto ou serviço. É especialmente eficaz em mercados onde os clientes têm opções complexas e estão buscando mais do que apenas uma transação comercial; eles estão procurando parcerias estratégicas que podem ajudar a transformar seus negócios.

## Princípios do *Solution Selling*

- **Identificação de problemas:** o primeiro passo é entender profundamente os desafios ou problemas que o cliente enfrenta. Isso é feito através de perguntas abertas que ajudam o vendedor a compreender a situação do cliente.

- **Desenvolvimento de necessidades:** uma vez identificados os problemas, o vendedor deve ajudar o cliente a reconhecer a necessidade de resolvê-los. Isso envolve demonstrar a importância e o impacto dos problemas no negócio do cliente.
- **Criação de visão de solução:** o vendedor deve então colaborar com o cliente para desenvolver uma "visão de solução" que descreva como os problemas podem ser resolvidos ou mitigados por meio dos produtos ou serviços oferecidos. O objetivo é fazer com que o cliente visualize como a solução pode beneficiar seu negócio.
- **Qualificação da oportunidade:** é importante que o vendedor qualifique a oportunidade de venda, assegurando que o cliente tenha não só a necessidade, mas também o orçamento, a autoridade e o desejo de comprar a solução proposta.
- **Demonstração de valor:** a demonstração de valor é crucial. O vendedor deve mostrar claramente como a solução proposta traz um bom retorno sobre o investimento (ROI) e como ela se alinha aos objetivos estratégicos do cliente.
- **Gestão de objeções:** o vendedor precisa estar preparado para responder a objeções de maneira eficaz, reafirmando o valor da solução e ajustando-a conforme necessário para melhor atender às necessidades e preocupações do cliente.
- **Fechar a venda:** por fim, o processo de *Solution Selling* culmina no fechamento da venda, quando o vendedor e o cliente concordam com os termos específicos e a implementação da solução.

34

# MENTAL TRIGGERS

## Como influenciar o inconsciente do cliente?

O subconsciente do cliente é uma área nobre e de difícil acesso. Tão difícil que ele próprio tem dificuldade de acessá-lo. Essa ferramenta da Psicologia Persuasiva já foi validada e comprovada por milhares de pessoas e pode fazer você se tornar mais influente, inclusive nas vendas.

Os gatilhos mentais, do inglês *mental triggers*, são técnicas de persuasão que influenciam a maneira como tomamos decisões, frequentemente usados no marketing, na publicidade e nas vendas para motivar os consumidores a tomar uma ação específica. Essas técnicas baseiam-se em princípios psicológicos que afetam o subconsciente humano, apelando a emoções, desejos, medos e necessidades sociais, para induzir alguém a agir de uma forma desejada sem uma análise profunda e racional.

Um dos principais contribuintes para a teoria por trás dos gatilhos mentais é Robert Cialdini, um psicólogo social e autor de vários livros, incluindo o *best-seller As armas da persuasão 2.0*. Cialdini popularizou seis princípios básicos de persuasão – reciprocidade, compromisso e consistência, prova social, autoridade, afeição e escassez – que se alinham estreitamente com o que muitos profissionais de marketing chamam de gatilhos mentais.

Esses princípios, identificados através de extensas pesquisas empíricas, explicam como e por que as pessoas são persuadidas a tomar decisões, muitas vezes sem um processo de pensamento consciente e deliberado. Embora Cialdini não tenha cunhado o termo "gatilhos mentais" especificamente, seu trabalho ajudou a fundamentar o conceito e incentivou sua adoção em campos como marketing, vendas, publicidade e negociação.

Do ponto de vista psicológico, os gatilhos mentais funcionam ao capitalizar sobre processos cognitivos e emocionais que governam o comportamento humano, influenciando as decisões de maneira geralmente inconsciente. Esses gatilhos baseiam-se em princípios bem estabelecidos da psicologia social, da psicologia cognitiva e da neurociência.

Vendedores podem empregar uma variedade de gatilhos mentais para influenciar positivamente as decisões de compra dos consumidores. Esses gatilhos são projetados para tocar em aspectos psicológicos fundamentais do comportamento humano, motivando os clientes a agirem rapidamente e com convicção. A seguir, veja alguns dos principais gatilhos mentais que os vendedores podem utilizar:

- **Reciprocidade:** este gatilho é baseado no princípio de que as pessoas tendem a retribuir o que outra pessoa fez por elas. Vendedores podem oferecer amostras grátis, consultas sem custo ou conteúdo valioso para os clientes, criando uma predisposição para que eles se sintam obrigados a retribuir de alguma forma, geralmente por meio de uma compra.
- **Escassez:** utilizar a escassez significa destacar a limitação na disponibilidade de um produto ou serviço. Isso pode ser comunicado através de ofertas por tempo limitado ou produtos com estoque restrito. O medo de perder algo valioso pode acelerar a decisão de compra.
- **Autoridade:** demonstrando conhecimento e credibilidade, os vendedores podem usar sua autoridade para persuadir clientes. Isso pode ser feito através do uso de certificações, prêmios, ou destacando experiência e especialização no campo.

- **Prova social:** apresentar testemunhos, avaliações de clientes e estudos de caso são formas de utilizar a prova social para convencer potenciais compradores de que estão fazendo uma escolha segura e aprovada por outros. Ver que outros consumidores estão satisfeitos com um produto ou serviço pode reduzir a ansiedade e incentivar novas compras.
- **Compromisso e consistência:** vendedores podem encorajar pequenos compromissos iniciais como um teste gratuito ou uma subscrição de newsletter. Uma vez que o cliente se compromete, ele é mais propenso a continuar a jornada de compra para manter a consistência com suas ações anteriores.
- **Afeição:** construir uma relação positiva e amigável com os clientes pode aumentar a probabilidade de eles comprarem. Pessoas compram de quem gostam, portanto, ser cordial, atencioso e genuinamente interessado pode ativar esse gatilho.
- **Urgência:** criar um senso de urgência pode motivar os clientes a agir imediatamente, em vez de adiar a decisão de compra. Ele tem um conceito muito similar ao da escassez, mas está relacionado à questão do tempo e não da quantidade. Isso pode ser feito através de frases como "última chance" ou "oferta termina em breve".
- **Novidade:** a atração por novidades pode ser um gatilho poderoso, pois as pessoas estão naturalmente curiosas e interessadas em experimentar novos produtos e novas tecnologias. Lançar produtos como novidades pode despertar o interesse e motivar a compra.

Esses gatilhos, quando utilizados de forma ética e responsável, podem melhorar significativamente a eficácia das vendas, criando relações mais profundas e satisfatórias com os clientes, e ajudando-os a tomar decisões de compra mais informadas e confiantes.

35

# CHA

## Como se tornar um vendedor competente?

Esta metodologia me ensinou como definir se um profissional é competente ou não em uma área. Através dela, pude melhorar o recrutamento do meu time e motivar a alta performance dos meus colaboradores. Afinal, o que é competência? Segundo essa teoria, para uma pessoa ser considerada competente em determinada área ela precisa ter três características fundamentais.

A palavra CHA é um acrônimo que significa Conhecimento, Habilidade e Atitude. É um modelo amplamente utilizado no desenvolvimento pessoal e profissional para avaliar e aprimorar as competências de indivíduos em diversas áreas. Esse modelo é particularmente popular em contextos de treinamento e educação, além de ser aplicado em processos de gestão de recursos humanos para a seleção e avaliação de colaboradores.

O modelo é frequentemente atribuído a A.C. Hamblin, autor e pensador na área de treinamento e desenvolvimento de recursos humanos. No entanto, é importante notar que o conceito de dividir competências nessas três categorias fundamentais pode ter sido influenciado por diversas teorias educacionais e abordagens de desenvolvimento profissional ao longo do tempo.

O modelo é amplamente utilizado em práticas de treinamento e desenvolvimento, sendo considerado uma ferramenta eficaz para avaliar e desenvolver as competências necessárias em diversas profissões e campos de atividade. Apesar da popularidade do modelo, a atribuição específica de sua criação a um único indivíduo ou um momento exato pode ser nebulosa, refletindo mais uma evolução do pensamento em gestão e educação do que a inovação de uma única pessoa.

Essa abordagem de desmembrar as competências em conhecimento, habilidade e atitude ajuda a criar programas de treinamento mais estruturados e focados, permitindo que organizações e educadores enderecem de maneira mais específica as áreas que necessitam de desenvolvimento.

- **Conhecimento:** refere-se à base teórica que uma pessoa possui sobre um determinado assunto ou área de atuação. Isso inclui tudo o que é aprendido formalmente através de cursos, treinamentos, leitura, estudo e observação. O conhecimento é a fundação sobre a qual as habilidades são construídas. No ambiente de trabalho, por exemplo, o conhecimento pode abranger as normas técnicas de um produto, as leis que regulamentam uma determinada indústria ou os princípios de gestão de projetos.
- **Habilidade:** é a capacidade de aplicar o conhecimento na prática, ou seja, converter teoria em ação. Isso envolve a destreza manual, intelectual ou técnica para realizar tarefas e resolver problemas de forma eficaz. As habilidades são desenvolvidas por meio de prática contínua e experiência direta. Por exemplo, um programador pode ter conhecimento em linguagens de programação, mas a habilidade é demonstrada na capacidade de usar esse conhecimento para escrever códigos eficientes e livres de erros.
- **Atitude:** refere-se ao comportamento, disposição ou mentalidade em relação a situações, pessoas ou tarefas. É a parte mais subjetiva do modelo CHA, mas é crucial, pois determina como o conhecimento e as habilidades são utilizados. Atitudes positivas, como proatividade, comprometimento e abertura para aprender são essenciais para o sucesso profissio-

nal e pessoal. A atitude pode influenciar fortemente tanto o ambiente de trabalho quanto a eficácia com que um indivíduo responde aos desafios.

Os três componentes do modelo CHA são interdependentes e essenciais para o desenvolvimento integral de competências. Por exemplo: um profissional pode ter vasto conhecimento e habilidade técnica, mas se sua atitude em relação ao trabalho ou aos colegas for negativa, isso pode limitar sua eficácia e seu progresso na carreira.

Organizações frequentemente utilizam o modelo CHA em seus processos de recrutamento, treinamento e avaliação de desempenho, garantindo que os colaboradores não apenas sejam capazes em termos técnicos, mas também estejam alinhados com a cultura e os valores da empresa. Além disso, o modelo é uma ferramenta valiosa para o autodesenvolvimento, ajudando indivíduos a identificar áreas que necessitam de melhoria e buscar recursos para aprimorar suas competências continuamente.

O CHA pode ser extremamente útil para vendedores ao otimizar suas competências em vendas de maneira holística. Primeiramente, o conhecimento fornece aos vendedores a base teórica necessária sobre o produto ou serviço que oferecem, incluindo informações sobre o mercado e a concorrência, permitindo-lhes responder com confiança às perguntas dos clientes.

Em seguida, a habilidade refere-se à capacidade prática de aplicar esse conhecimento no processo de vendas, como a habilidade de comunicação eficaz, negociação e fechamento de vendas, essenciais para converter *leads* em compras concretas.

Por fim, a atitude influencia diretamente a maneira como esses conhecimentos e habilidades são aplicados. Uma atitude positiva e proativa pode fazer a diferença em criar uma relação de confiança com o cliente e gerar um impacto duradouro que potencializa não só vendas imediatas, mas também a fidelização de clientes. Assim, o modelo CHA ajuda os vendedores a desenvolverem uma abordagem mais estruturada e eficiente, melhorando seus resultados e a satisfação do cliente.

36

# AIDALA

## Como chamar a atenção e fidelizar os clientes?

Este é um modelo de vendas centenário que evoluiu com o passar das décadas e continua sendo de grande relevância para empresários e vendedores. A estratégia traz um caminho que abrange desde a conquista da atenção do potencial cliente até o encantamento do pós-venda. Mostra cada um dos processos e etapas e incentiva o vendedor a criar estratégias para que o cliente se torne recorrente e fiel à marca.

A técnica AIDALA é uma evolução do conhecido modelo AIDA, que é um acrônimo usado em marketing e publicidade para descrever as fases pelas quais uma pessoa passa durante o processo de compra: *Attention* (atenção), *Interest* (interesse), *Desire* (desejo) e *Action* (ação).

AIDALA expande esse modelo ao adicionar dois componentes adicionais: *Loyalty* (lealdade) e *Awareness* (consciência ou lembrança), tornando-a uma ferramenta mais abrangente no contexto de construir e manter relacionamentos com os clientes ao longo do tempo.

Inicialmente, o modelo foi criado pelo publicitário americano Elias St. Elmo Lewis na década de 1890. Ele começou a falar sobre essas ideias em publicações e palestras na virada do século. Lewis estava interessado em identificar e aprimorar as técnicas eficazes para capturar a atenção dos clientes e levá-los a tomar uma decisão de compra.

A partir dos anos 1920, quando foi explicado no livro *The Psychology of Selling and Advertising*, de Edward K. Strong Jr, a técnica passou a ser difundida e ensinada nas principais faculdades de publicidade e propaganda em todo o mundo, ganhando mais duas letras ao levar em consideração o consumo do produto após a venda.

Ao incorporar os elementos de lembrança e lealdade, a técnica AIDALA vai além da simples conversão de vendas para desenvolver uma base de clientes duradoura e leal. Isso reflete uma compreensão mais profunda do ciclo de vida do cliente e a importância de uma abordagem holística em marketing.

Veja como funciona cada uma das etapas:

- **Atenção:** o primeiro passo é sobre capturar a atenção do consumidor. Isso é geralmente alcançado através de estratégias visuais impactantes, mensagens provocativas ou ofertas que se destacam no meio da saturação de informações e publicidade a que os consumidores estão expostos diariamente.
- **Interesse:** uma vez que a atenção é capturada, o objetivo é transformar essa atenção inicial em interesse. Isso é feito ao se fornecer mais informações sobre o produto ou serviço, detalhando como ele pode resolver um problema específico ou atender a uma necessidade do consumidor. O conteúdo deve ser relevante para o público-alvo para que ele queira saber mais.
- **Desejo:** o interesse é então transformado em desejo. Nesta fase, a comunicação enfatiza os benefícios emocionais ou práticos do produto ou serviço, fazendo com que o consumidor não apenas entenda o que está sendo oferecido, mas também deseje possuir ou ser parte dele.
- **Ação:** é o estágio em que o consumidor é incentivado a tomar uma medida concreta, como comprar o produto, inscrever-se em um serviço, visitar uma loja ou participar de um evento.

Estratégias eficazes nesse estágio incluem a oferta de descontos limitados, bônus por tempo restrito ou chamadas para ação claras e convincentes.

- **Lembrança:** envolve manter a marca ou produto na mente do consumidor após a compra inicial. Isso pode ser realizado através de marketing de conteúdo, newsletters periódicas e campanhas de mídia social que mantêm o consumidor engajado com a marca, incentivando repetidas interações com o produto ou serviço.
- **Lealdade:** finalmente, lealdade refere-se ao estágio de desenvolvimento de um relacionamento contínuo e positivo com o consumidor, de modo que ele não só volte a comprar, mas também recomende a marca a outros. Programas de fidelidade, excelente atendimento ao cliente e produtos consistentemente de alta qualidade são maneiras de fomentar a lealdade do cliente.

# 37

# ELEVATOR PITCH

## Como apresentar sua proposta em um minuto?

Como ofereceria o seu produto ou serviço se encontrasse aquele cliente milionário, de difícil acesso e que você já tenha tentado prospectar várias vezes sem sucesso? Imagine que você o encontre em um elevador e perceba que ali tem uma oportunidade única de se apresentar e oferecer sua proposta em poucos segundos. O que você falaria? Como o abordaria? Para essas perguntas, esta estratégia traz a resposta.

O conceito *elevator pitch* tem suas raízes em uma lenda urbana de Hollywood. A história conta que um roteirista aspirante teria que aproveitar a chance de encontrar um produtor em um elevador e, então, teria apenas o tempo da viagem de elevador para apresentar sua ideia de forma convincente e atrativa, na esperança de capturar o interesse do produtor antes que as portas se abrissem.

A partir dessa narrativa, a prática se transformou numa técnica amplamente adotada no mundo dos negócios e do empreendedorismo. O termo *elevator pitch* começou a ser utilizado de forma mais generalizada para descrever uma apresentação rápida e eficaz de uma ideia de negócio, produto ou serviço, que pode ser entregue no breve período de tempo de uma viagem de elevador – geralmente entre 30 segundos e dois minutos.

O objetivo principal é fornecer uma descrição clara e concisa de um projeto ou negócio, destacando seus aspectos mais atraentes e diferenciados, de modo a despertar o interesse do ouvinte e provocar uma reação que leve a uma discussão mais aprofundada ou a um compromisso futuro. A técnica se tornou uma ferramenta essencial para empreendedores, vendedores e qualquer profissional que necessite expressar suas ideias de forma rápida e impactante em diversas situações, desde reuniões informais até encontros de *networking* e apresentações formais de negócios.

- **Preparação e clareza:** antes de mais nada, é crucial ter clareza sobre o produto ou serviço oferecido. O indivíduo deve identificar o principal valor que seu produto ou serviço oferece e estar preparado para expressar isso de maneira que ressoe especificamente com as necessidades ou desejos do público-alvo. Isso envolve uma compreensão profunda tanto do que está sendo oferecido quanto de quem é o cliente ideal. Esse entendimento ajuda a moldar uma mensagem que não é apenas clara, mas também diretamente relevante para quem ouve.
- **Estruturação:** o *elevator pitch* deve seguir uma estrutura lógica e persuasiva. Geralmente, começa com uma saudação amigável seguida de uma introdução rápida que inclui o nome e a afiliação do indivíduo. Em seguida, deve-se rapidamente entrar na descrição do problema que o produto ou serviço resolve. Essa é uma parte crítica, pois contextualiza a necessidade do que está sendo oferecido. Após estabelecer o problema, o próximo passo é apresentar a solução, destacando como o produto ou serviço funciona e por que é superior às alternativas existentes no mercado.
- **Fechamento com engajamento:** após apresentar a solução, o ideal é terminar com uma pergunta ou um convite que exija uma resposta, algo que abra a porta para uma conversa mais aprofundada. Por exemplo, pode-se perguntar: "Posso agendar um encontro para discutirmos isso em detalhes?" ou "Gostaria de uma demonstração?". Isso não apenas mostra proatividade, mas também transforma uma apresentação unilateral em um diálogo, aumentando as chances de engajamento.
- **Treinamento:** um *elevator pitch* eficaz é aquele que é bem ensaiado, mas que também parece natural e espontâneo. A prática regular pode ajudar a refinar a entrega para que ela se torne fluida e convincente. Além disso, é vital ajustar o *pitch* com base em *feedbacks* e nas diferentes reações do público para melhorar continuamente sua eficácia. Em última análise, o objetivo é fazer com que cada oportunidade de *elevator pitch* conte, preparando o terreno para relacionamentos mais profundos e conversas mais detalhadas no futuro.

38

# LAUNCH FORMULA

## Como fazer lançamentos digitais?

Esta é uma metodologia internacionalmente reconhecida de Marketing Digital, utilizada por influenciadores e empreendedores que desejam lançar infoprodutos, principalmente cursos digitais. A estratégia se concentra em criar um alto nível de interesse e antecipação entre potenciais clientes antes mesmo de o produto estar oficialmente disponível.

A *Launch Formula* (fórmula do lançamento) foi criada por Jeff Walker, um empreendedor americano que, nos anos 1990, começou a explorar as possibilidades de negócios na internet. A ideia surgiu a partir de suas experiências pessoais ao tentar vender um guia de investimento em ações que ele mesmo havia desenvolvido.

Inicialmente, Jeff Walker começou a compartilhar informações e conselhos sobre investimentos por meio de um simples boletim informativo por e-mail, enviado aos amigos e conhecidos. Ao perceber o interesse crescente das pessoas em suas informações, ele teve a ideia de transformar esse boletim em um produto de informação pago. Para vender esse produto, ele decidiu não apenas anunciar sua disponibilidade, mas criar uma sequência de lançamentos que gerou uma grande antecipação e interesse antes mesmo de estar oficialmente à venda.

A estratégia que ele usou envolvia enviar uma série de e-mails educativos e informativos que culminavam no lançamento do produto. Esses e-mails eram projetados para construir a expectativa e o desejo pelo produto. Quando o produto finalmente ficou disponível para compra, houve uma resposta massiva devido à antecipação que havia sido criada. O sucesso dessa estratégia foi tão grande que Jeff refinou a abordagem e a sistematizou no que ele chamou de *Product Launch Formula*.

Desde então, Jeff Walker aprimorou e compartilhou essa fórmula com milhares de empreendedores em todo o mundo, ajudando-os a lançar produtos e serviços de maneira eficaz. A estratégia tornou-se um padrão de ouro em lançamentos de produtos digitais e é usada por muitos para criar lançamentos que não apenas vendem, mas também criam clientes fiéis e entusiastas. A metodologia foi também adaptada em vários países, inclusive no Brasil, por Érico Rocha, onde ganhou grande popularidade e foi renomeada para se adequar às peculiaridades do mercado local.

Essa fórmula de lançamento é poderosa porque transforma o processo de venda em um evento, aumentando significativamente o engajamento e a conversão. Contudo, exige planejamento detalhado, execução cuidadosa e uma boa compreensão do público-alvo. Empreendedores que utilizam essa estratégia devem estar preparados para investir em conteúdo de qualidade e em estratégias de comunicação eficazes para realmente colher os benefícios que a metodologia promete.

A estratégia pode ser resumida nas etapas a seguir:

- **Pré-lançamento:** o pré-lançamento é a fase inicial na qual o objetivo é gerar curiosidade e expectativa. Durante este período, o empreendedor produz e distribui conteúdo gratuito que é relevante e de alto valor para o seu público-alvo. Esse conteúdo pode ser em forma de vídeos, e-books, *webinars* entre outros. A ideia é educar o mercado sobre o problema que o produto resolve, sem ainda revelar o produto em si. Esse é um momento crucial para estabelecer autoridade e confiança com a audiência.

- **Lançamento:** nesta etapa, o produto é finalmente revelado ao público. O empreendedor intensifica a oferta de conteúdo, muitas vezes incluindo demonstrações de como o produto funciona e depoimentos de clientes satisfeitos. É também quando são detalhadas as condições de compra, como preço, bônus para os primeiros compradores e a limitação da quantidade disponível ou do tempo de oferta. A escassez e a urgência são táticas psicológicas usadas aqui para incentivar a tomada de decisão rápida por parte dos consumidores.
- **Pós-lançamento:** após o período de vendas, entra a fase de pós-lançamento, que é tanto sobre atendimento ao cliente quanto sobre análise de resultados. O suporte ao cliente é crucial nesse momento para garantir a satisfação e a resolução de quaisquer problemas. Paralelamente, o empreendedor deve coletar dados e *feedbacks* sobre o lançamento, para entender o que funcionou ou não, permitindo ajustes e melhorias para futuros lançamentos. Essa etapa é essencial para construir uma base de clientes leais e promover a sustentabilidade do negócio a longo prazo.

39

# FOLLOW-UP

## Como acompanhar o cliente de forma assertiva?

Você tem mantido contato com todos os seus potenciais clientes ou simplesmente desistiu após as primeiras objeções? Aquele cliente que pediu para retornar no próximo mês, está na sua agenda para o devido acompanhamento?

Uma pesquisa feita pela Associação Nacional dos Executivos de Vendas dos Estados Unidos destacou a importância de acompanhar os potenciais clientes após um primeiro contato. Segundo a pesquisa, 80% das vendas são feitas a partir do quinto encontro entre um vendedor e um potencial cliente. Isso reforça a importância da persistência e acompanhamento de um vendedor, uma vez que apenas 2% das vendas são fechadas no primeiro encontro.

A técnica de vendas conhecida como *follow-up* refere-se ao processo de manter contato com clientes potenciais após uma interação inicial, como uma consulta, uma reunião de vendas ou mesmo após a compra de um produto ou serviço. Essa prática é essencial para construir e manter relacionamentos com clientes, impulsionar o fechamento de vendas e garantir a satisfação e fidelidade do cliente a longo prazo.

Etimologicamente, a expressão *follow-up* vem do inglês e é composta por duas palavras: *follow*, que significa "seguir" e *up*, que pode ser traduzido como "acima" ou, neste contexto, uma ideia de continuação ou conclusão. Juntas, as palavras formam um termo que literalmente significa "continuar a seguir" ou "dar seguimento". O uso de *follow-up* como uma frase verbal sugere a ação de continuar a acompanhar um assunto ou garantir que uma tarefa seja levada a cabo até a sua conclusão.

*Follow-up* pode assumir várias formas, incluindo chamadas telefônicas, e-mails, mensagens via redes sociais ou WhatsApp. O principal objetivo é manter a comunicação aberta e contínua com o cliente, proporcionando a ele lembretes, informações adicionais ou esclarecimentos sobre produtos e serviços. Por exemplo, após uma apresentação de produto, um vendedor pode enviar um e-mail ao cliente potencial resumindo os pontos principais discutidos, fornecendo respostas adicionais a perguntas que surgiram, ou oferecendo dados extras que podem ajudar na decisão de compra. Essa continuidade mantém o interesse do cliente e mostra que a empresa está comprometida em atender suas necessidades e expectativas.

Além disso, o *follow-up* é uma oportunidade para coletar *feedback* dos clientes, seja sobre a experiência de compra, a satisfação com o produto ou sobre o processo de vendas em si. Esse *feedback* é crucial para que as empresas possam melhorar seus produtos, serviços e técnicas de vendas.

A prática também permite que os vendedores resolvam quaisquer problemas que possam ter surgido, fortalecendo a relação com o cliente e aumentando as chances de futuras recompras ou recomendações. Em suma, o *follow-up* é uma ferramenta estratégica de vendas que, quando utilizada eficazmente, pode significativamente melhorar o desempenho de vendas e a reputação de uma empresa no mercado.

Um exemplo de *follow-up* em vendas pode ser visto nas práticas de uma concessionária de automóveis após uma interação inicial com um cliente potencial. Suponha que um cliente visite a concessionária, demonstre interesse em um modelo específico de carro, mas saia sem fazer uma compra imediata. O vendedor, então, inicia um processo de *follow-up*:

- **Imediatamente após a visita:** no mesmo dia ou no dia seguinte, o vendedor envia um e-mail ou mensagem via WhatsApp, agradecendo ao cliente pela visita e recapitulando as principais características do carro que mais interessou o cliente, juntamente com um *link* para uma revisão detalhada do veículo e um vídeo destacando suas características e benefícios.
- **Alguns dias depois:** o vendedor faz uma chamada telefônica para verificar se o cliente tem alguma dúvida que não foi respondida durante a visita ou se gostaria de agendar um *test drive*. O vendedor pode também oferecer uma promoção especial ou discutir opções de financiamento disponíveis que podem tornar a compra mais atraente.
- **Uma semana depois:** o vendedor envia um lembrete final por e-mail ou WhatsApp, talvez incluindo depoimentos de outros clientes que compraram o mesmo modelo de carro, e reiterando a disponibilidade para ajudar com qualquer informação adicional ou para facilitar o processo de compra se o cliente decidir prosseguir.

Esse tipo de *follow-up* é projetado para manter o interesse do cliente vivo, fornecendo informações úteis e relevantes que podem ajudar a aliviar qualquer hesitação, ao mesmo tempo que reforça a disposição do vendedor em prestar um serviço atencioso. Este método não só melhora a experiência do cliente, mas também aumenta significativamente as chances de converter um interesse inicial em uma venda efetiva.

No Portal ON, minha empresa de portais de notícias, somos rigorosos no acompanhamento daqueles que estão ainda em processo de compra, mas principalmente dos clientes que assinaram nossos planos. Neste caso, fortalecemos o *follow-up* no pós-venda – e temos tido excelentes resultados.

40

# PERSUASION

## Como fazer uma pessoa tomar uma ação?

As duas próximas estratégias são focadas em como influenciar as pessoas, especificamente clientes. Ser influente não é dom, é técnica e prática. É um equilíbrio que envolve técnicas de *rapport*, oratória e psicologia. Vamos começar pela persuasão: a arte de inspirar um pensamento, comportamento ou ação.

A persuasão (*persuasion*) é uma técnica de comunicação estratégica que tem como objetivo influenciar crenças ou atitudes de um indivíduo ou grupo para que adotem uma ideia ou realizem uma ação desejada. Esse processo envolve mais do que simplesmente argumentar; ele se baseia em uma compreensão profunda da psicologia humana e da dinâmica social para apresentar mensagens de maneira que ressoem para o público-alvo, levando-o a mudar voluntariamente seu ponto de vista ou comportamento.

A persuasão pode ser aplicada em uma variedade de contextos, desde campanhas publicitárias e discursos políticos até negociações pessoais e profissionais. Ela se vale de várias técnicas, incluindo a apresentação de argumentos lógicos, o apelo às emoções do público, a demonstração de credibilidade e confiança e o uso de normas sociais para moldar a percepção das pessoas. Por exemplo, um anunciante pode usar testemunhos de clientes satisfeitos para persuadir novos clientes potenciais de que seu produto é confiável e valioso; ou um político pode empregar narrativas emotivas para conectar-se com os eleitores e ganhar seu apoio.

Um aspecto crucial da persuasão é a capacidade de se conectar de forma eficaz com o público, entendendo suas necessidades, desejos e valores pré-existentes. Isso significa que as mensagens persuasivas devem ser cuidadosamente adaptadas para se alinhar ou desafiar essas predisposições de maneiras que pareçam tanto lógicas quanto emocionalmente atraentes. O sucesso da persuasão depende não apenas do conteúdo da mensagem, mas também de como, quando e onde ela é entregue, exigindo uma compreensão estratégica do contexto e da audiência para maximizar seu impacto.

O filósofo Aristóteles desenvolveu por volta de 350 a.C. uma estrutura que ficou mundialmente conhecida como o "Triângulo Retórico", com a proposta de analisar os elementos da escrita e fala persuasivas. Ele consiste em três elementos-chave: *ethos*, *pathos* e *logos*. *Ethos* refere-se à credibilidade do orador ou escritor, *pathos* apela às emoções e *logos* apela à lógica. Esse conceito tem sido usado há milênios por grandes e influentes líderes. Também encontramos o apelo em peças de publicidade e propaganda.

Um exemplo claro de persuasão pode ser observado em uma campanha publicitária eficaz. Considere uma campanha para um novo *smartphone* que destaca suas características inovadoras, como uma câmera de alta resolução, bateria de longa duração e um design elegante. A campanha pode utilizar os seguintes elementos de persuasão:

- ***Logos* (lógica):** a publicidade apresenta dados e especificações técnicas que demonstram como a câmera do *smartphone* permite capturar imagens com qualidade profissional, ou como a bateria pode durar mais de um dia com uma única carga. Essas informações apelam à lógica e ao raciocínio dos consumidores, mostrando-lhes os benefícios práticos e tangíveis do produto.
- ***Pathos* (emoção):** o comercial mostra vídeos e imagens capturados com o *smartphone*, envolvendo momentos emocio-

nantes como um nascer do sol na montanha ou uma família comemorando um aniversário. Ao associar o produto a essas experiências felizes e memoráveis, a campanha estimula uma conexão emocional com o público, sugerindo que o *smartphone* pode ajudar os usuários a capturar e preservar seus próprios momentos preciosos.

- ***Ethos*** **(credibilidade):** a campanha pode incluir depoimentos de fotógrafos profissionais que usam o *smartphone* ou de usuários satisfeitos que compartilham suas experiências positivas. Esses testemunhos fortalecem a credibilidade do produto e da marca, mostrando que é confiável e recomendado por pessoas respeitáveis.

Juntos, esses elementos de persuasão trabalham para convencer potenciais compradores de que o *smartphone* é não apenas uma escolha lógica devido às suas funcionalidades avançadas, mas também uma compra emocionalmente gratificante que oferece valor significativo, apoiada pela confiança e recomendação de outros usuários. Essa abordagem integrada maximiza o impacto persuasivo da campanha, aumentando as chances de conversão de vendas.

41

# DISSUASION

## Como fazer uma pessoa desistir de uma ação?

Essa é a segunda estratégia de influência, um pouco menos conhecida, mas de grande relevância. Ao contrário da persuasão que, como vimos anteriormente, é usada para convencer alguém a adotar uma ideia, crença ou realizar uma ação, a dissuasão foca em impedir ou desencorajar uma pessoa ou grupo de realizar uma ação específica, através da ameaça de consequências negativas ou punições.

Dissuasão (do inglês *dissuasion*) é um conceito estratégico usado principalmente em contextos políticos e militares, referindo-se ao ato de prevenir ou inibir ações indesejadas de outros por meio da ameaça de consequências negativas. O princípio central da dissuasão é desestimular uma pessoa, grupo ou nação de tomar uma ação específica ao fazer com que os custos percebidos dessa ação superem quaisquer benefícios potenciais. Essencialmente, é o processo de persuadir alguém a não fazer algo através do medo de possíveis represálias – traduzindo – fazer a pessoa desistir de uma ideia.

A dissuasão pode ser dividida em dois tipos principais: a dissuasão por punição e a dissuasão por negação. A dissuasão por punição envolve ameaçar um adversário com represálias significativas se ele prosseguir com uma ação indesejada. Por exemplo, países podem manter arsenais nucleares não com a intenção de usá-los em ofensiva, mas para desencorajar ataques nucleares de outros países, sob a ameaça de retaliação devastadora. Já a dissuasão por negação foca em reduzir a probabilidade de sucesso de uma ação adversária. Isso pode ser feito fortalecendo a defesa e a segurança para que o adversário perceba que qualquer tentativa de ataque ou agressão será provavelmente frustrada ou resultará em falha.

A eficácia da dissuasão depende de vários fatores, incluindo a credibilidade da ameaça, a clareza da comunicação das intenções e a capacidade do detentor da ameaça de seguir adiante com as represálias prometidas. Além disso, o adversário deve acreditar que a ameaça é real e que a penalidade ou represália seria implementada se ele procedesse com a ação desencorajada. Portanto, para que a dissuasão seja eficaz, ela deve ser sustentada por uma política clara e por forças adequadas que possam executar as ameaças se necessário.

No mundo das vendas, a dissuasão pode ser aplicada de maneiras sutis e estratégicas para influenciar a decisão de compra do consumidor, evitando que ele escolha produtos concorrentes ou desista de uma compra. Essa técnica pode ser menos direta que em contextos militares ou políticos, mas pode ser eficaz em moldar comportamentos do consumidor de maneira favorável para o vendedor ou a marca.

Uma abordagem comum é enfatizar as consequências negativas de não escolher um produto ou serviço específico. Por exemplo, um vendedor de seguros pode dissuadir um cliente de optar por não comprar uma apólice destacando os riscos financeiros significativos e as perdas potenciais em caso de um incidente inesperado, como um acidente de carro ou danos à propriedade. Essa tática cria um senso de urgência e necessidade que pode motivar o cliente a agir para evitar resultados negativos.

Outra forma de dissuasão nas vendas envolve destacar a inferioridade ou os custos ocultos de produtos concorrentes. Um vendedor pode desencorajar a escolha de um produto alternativo apontando falhas no design, falta de suporte ao cliente ou custos adicionais que acompanham a opção mais barata. Isso pode fazer o produto ou serviço do vendedor parecer mais atraente e de maior valor, dissuadindo o cliente de considerar outras opções no mercado.

Essencialmente, a dissuasão nas vendas não é sobre ameaças explícitas, mas sobre destacar as desvantagens de não escolher uma determinada opção, incentivando os consumidores a fazerem uma escolha que os proteja de consequências negativas ou de sentimentos de arrependimento pós-compra. Ao focar em potenciais perdas e comparar desvantagens de produtos concorrentes, os vendedores podem efetivamente influenciar as decisões de compra de maneira sutil, mas poderosa.

# 42

# COPYWRITING

## Como influenciar através da escrita?

Essa é mais uma técnica que aprendi quando fiz minha graduação de Comunicação Social. Informar e influenciar as pessoas é o papel central de um jornalista e publicitário. Por milênios, a escrita tem cumprido muito além do papel de informar, mas também persuadir seus leitores.

*Copywriting* é o nome dado a arte e a técnica de escrever textos persuasivos projetados para promover ou vender um produto, serviço ou ideia. O objetivo principal dele é convencer ou influenciar o leitor a tomar uma ação específica, como fazer uma compra, inscrever-se em um serviço, clicar em um *link* ou engajar-se com uma marca de alguma maneira.

Os *copywriters* usam uma combinação de criatividade, psicologia de consumo e estratégias de comunicação para criar mensagens que ressoem com o público-alvo. Esses textos podem aparecer em vários formatos, incluindo anúncios publicitários, *websites*, e-mails marketing, catálogos, embalagens de produtos, mídias sociais e mais.

O sucesso dessa estratégia é medido pela capacidade do texto de alcançar resultados concretos, como aumento das vendas, maior engajamento dos consumidores ou fortalecimento da imagem da marca.

Um exemplo impactante de *copywriting* vem da Coca-Cola com o seu *slogan Open Happiness* (Abra a felicidade, em tradução livre), introduzido em 2009. Esse *slogan* fazia parte de uma campanha global que visava associar a marca Coca-Cola a momentos de alegria e conexão entre as pessoas.

*Open Happiness* convidava os consumidores a abrirem uma garrafa de Coca-Cola e, por extensão, abrir um momento de felicidade. A mensagem era simples, mas efetiva, criando uma conexão emocional profunda entre o produto e as experiências positivas da vida. O *slogan* foi usado em uma variedade de comerciais de TV, anúncios impressos e promoções on-line, cada um mostrando diferentes maneiras pelas quais a Coca-Cola poderia ser um catalisador para momentos felizes e reuniões significativas entre amigos e familiares.

Essa campanha foi particularmente eficaz porque não só promoveu o produto, mas também vendeu uma emoção desejável que é universalmente reconhecível e buscada por muitos, fortalecendo a posição da Coca-Cola como uma marca que traz alegria.

Ao escrever textos persuasivos para campanhas publicitárias com o objetivo de vender um produto ou serviço, os *copywriters* empregam diversas técnicas sofisticadas para influenciar e motivar os consumidores. Aqui estão três técnicas comumente utilizadas:

- **Apelo emocional:** os *copywriters* frequentemente utilizam o apelo emocional para conectar-se com o público em um nível mais profundo. Isso pode ser feito através da narrativa que desperta sentimentos como felicidade, segurança, medo ou urgência. Por exemplo, um anúncio de um sistema de segurança doméstica pode enfatizar a paz de espírito que vem com a proteção da sua família, apelando para o instinto de proteção do consumidor.
- **Uso de ganchos e *headlines* atrativos:** a primeira impressão é crucial em qualquer texto publicitário. Os *copywriters* dedicam um cuidado especial à criação de *headlines* e ganchos que capturam a atenção imediatamente. Esses devem ser intrigantes, claros e diretos, muitas vezes utilizando perguntas

retóricas, estatísticas surpreendentes ou afirmações audaciosas que incitam curiosidade e interesse, levando o leitor a querer saber mais sobre o produto ou serviço.

- **Prova social e testemunhos:** integrar prova social em textos de campanha é uma técnica poderosa para construir credibilidade e confiança. Isso pode incluir testemunhos de clientes satisfeitos, avaliações e casos de estudo detalhados. Ver que outros consumidores tiveram experiências positivas com um produto ou serviço pode ser decisivo para convencer potenciais clientes a tomar a mesma decisão de compra. Os *copywriters* podem destacar essas provas em pontos estratégicos do texto para reforçar argumentos e incentivar a ação.

Essas técnicas, quando usadas habilmente, podem aumentar significativamente a eficácia de uma campanha publicitária, motivando os consumidores a agir e, por fim, aumentar as vendas.

# 43

# MARKETING

## Como movimentar o mercado?

Muitas pessoas confundem o termo marketing com publicidade, propaganda e até mesmo *branding*. Todos são conceitos de comunicação e visam persuadir pessoas e clientes, mas com definições e estratégias diferentes.

Para entender definitivamente lembre-se da etimologia – a origem e formação da palavra. Marketing vem do termo inglês *market*, que significa mercado. Na prática, ele é o conjunto de práticas e estratégias utilizadas por empresas e organizações para promover e vender produtos ou serviços.

O objetivo principal é aumentar as vendas de uma empresa, identificando e atendendo às necessidades e desejos dos potenciais consumidores.

Um exemplo claro de ação de marketing bem-sucedida, que faz as vendas da empresa estourarem, é o *Amazon Prime Day*. Criado pela Amazon, teve sua primeira edição em 15 de julho de 2015, como parte da celebração do 20º aniversário da empresa. Concebido inicialmente para aumentar o número de assinantes do serviço *Amazon Prime*, o *Prime Day* é um evento de vendas exclusivo para membros *Prime*, oferecendo descontos substanciais em uma vasta gama de produtos em diversas categorias.

Antes do evento, a Amazon investe pesadamente em marketing para gerar expectativa. Isso inclui uma ampla campanha que envolve e-mails marketing, *banners* em seu próprio site, anúncios em redes sociais e colaborações com influenciadores digitais. Essas promoções destacam as ofertas relâmpago e exclusivas que só estão disponíveis por um período limitado durante o evento, criando um senso de urgência e incentivando os consumidores a aproveitar as promoções enquanto duram.

O *Prime Day* originalmente foi lançado em nove países, mas rapidamente se expandiu para quase todas as regiões onde o serviço *Amazon Prime* está disponível, tornando-se um evento de vendas global. Cada ano, o evento tem aumentado em duração e em número de ofertas, com a Amazon reportando vendas recordes que frequentemente superam grandes eventos de vendas tradicionais, como a *Black Friday* e a *Cyber Monday*. Além de impulsionar as vendas durante um período tradicionalmente mais lento para o varejo (julho), o *Prime Day* tem sido crucial para aumentar o número de membros *Prime*, muitos dos quais se inscrevem no serviço justamente para aproveitar as ofertas do evento.

Algumas das principais atividades envolvidas no marketing incluem:

- **Pesquisa de mercado:** envolve coleta e análise de dados sobre o mercado, os consumidores, os concorrentes e outros fatores externos. Isso ajuda as empresas a entenderem melhor o ambiente em que estão operando e a identificar tendências, necessidades e oportunidades.
- **Segmentação e posicionamento:** refere-se ao processo de dividir o mercado em segmentos de consumidores com necessidades, comportamentos ou características similares e desenvolver estratégias para atingir esses segmentos de forma eficaz. O posicionamento diz respeito à forma como um produto é percebido em relação aos seus concorrentes.
- **Mix de marketing:** conhecido também como os 4 Ps – produto, preço, praça (distribuição) e promoção. Estes são os elementos chave que a empresa manipula para atingir seus objeti-

vos de marketing. Por exemplo: ajustando o design do produto, definindo um preço competitivo, escolhendo os canais de distribuição adequados e criando campanhas publicitárias eficazes.

- **Estratégia digital:** nos dias de hoje, o marketing digital tornou-se um componente crucial. Inclui o uso de ferramentas on-line como redes sociais, e-mail marketing, SEO (otimização para motores de busca) e marketing de conteúdo para alcançar o público-alvo de forma mais eficiente e mensurável.
- **Relacionamento com o cliente:** estratégias de marketing também envolvem esforços para construir e manter relacionamentos duradouros com os clientes, como programas de fidelidade, atendimento ao cliente e personalização das interações.
- **Promoção:** as campanhas promocionais, que oferecem ofertas especiais, incluindo preços abaixo da tabela e a possibilidade de pagamento parcelado, tendem a atrair clientes de todas as faixas etárias.

O marketing é, portanto, uma função essencial para qualquer negócio que deseja prosperar em um mercado competitivo, adaptando-se continuamente às mudanças nas preferências dos consumidores e às inovações tecnológicas.

44

# BRANDING

## Como valorizar uma marca?

As maiores empresas do mundo são especialistas em gestão de *branding*. Apple, McDonald's, Google, Amazon, Coca-Cola vão muito além de vender produtos. Sabem conquistar o coração de seus clientes de diferentes países, culturas e hábitos de consumo.

A palavra *branding* tem suas raízes no antigo nórdico, derivando de *brandr*, que significa "queimar". Originalmente, o termo foi usado para descrever a prática de usar um ferro em brasa para marcar o gado, madeira ou outros bens com um símbolo distintivo. Esse ato de marcar com brasa servia como um meio de identificar a propriedade ou origem de um objeto.

Com o tempo, o conceito evoluiu para o campo do marketing e negócios, sendo que *branding* agora se refere ao processo de desenvolver uma marca única e reconhecível para uma empresa, um produto ou um serviço. Esse processo moderno de *branding* inclui a criação de nomes, logos, designs e uma voz de marca consistentes, todos destinados a criar uma imagem distinta e duradoura na mente dos consumidores. Essa evolução semântica mantém a ideia central de marca como um símbolo de identificação e diferenciação.

Um exemplo clássico de estratégia de *branding* bem-sucedida é o da Starbucks. A estratégia vai além de simplesmente vender café, ela cria uma experiência completa para o cliente.

Desde a sua fundação, a Starbucks tem se posicionado não apenas como um lugar para comprar café, mas como um "terceiro espaço", um lugar confortável entre casa e trabalho onde as pessoas podem relaxar, trabalhar ou se encontrar com amigos.

A Starbucks investe pesadamente na atmosfera de suas lojas, que é projetada para ser convidativa e confortável, com móveis aconchegantes, música ambiente e Wi-Fi gratuito. Esta abordagem cria uma experiência de marca distintiva que incentiva os clientes a permanecerem nas lojas por mais tempo, consumindo mais produtos.

Além disso, a Starbucks se destaca na personalização, permitindo que os clientes personalizem amplamente suas bebidas. Isso não só aumenta a satisfação do cliente, mas também reforça a percepção da marca como atenciosa e centrada no cliente.

A empresa também é conhecida por seu compromisso com a sustentabilidade e a responsabilidade social. Por exemplo, eles têm iniciativas para garantir que o café seja eticamente obtido e para reduzir seu impacto ambiental. Essas práticas não apenas apoiam a sustentabilidade, mas também fortalecem a imagem da marca entre os consumidores que valorizam essas questões.

## Estratégias de *branding*

- **Esses elementos combinados:** a experiência na loja, a personalização do produto e o compromisso com a responsabilidade social – compõem uma estratégia de *branding* robusta que ajudou a Starbucks a se tornar uma das marcas de café mais reconhecidas e respeitadas no mundo.
- **Identidade da marca:** desenvolvimento de elementos visuais e verbais que formam a identidade única de uma marca, como o logotipo, *slogan*, paleta de cores e tom de voz. Esses elementos ajudam a transmitir a personalidade e os valores da marca, tornando-a facilmente reconhecível e memorável.

- **Posicionamento da marca:** definição de como uma marca deseja ser percebida em seu mercado em relação aos seus concorrentes. Isso inclui identificar seu público-alvo, entender suas necessidades e preferências e comunicar de forma clara os benefícios exclusivos e diferenciais do produto ou serviço oferecido.
- **Consistência:** manter uma comunicação coerente em todos os pontos de contato com o consumidor, seja em publicidade, embalagem, mídia social, atendimento ao cliente etc. A consistência ajuda a fortalecer a marca, fazendo com que ela seja imediatamente reconhecida e associada a determinados atributos ou qualidades.
- **Experiência do cliente:** criar experiências positivas e memoráveis para o consumidor em cada interação com a marca. Isso pode ser alcançado através de um excelente serviço ao cliente, produtos de qualidade e iniciativas que agregam valor como programas de fidelidade ou atividades de engajamento comunitário.
- **Narrativa da marca:** construir e comunicar uma história convincente que ressoe com o público. A narrativa da marca não apenas explica a origem e a evolução da empresa, mas também conecta emocionalmente os consumidores com seus valores e missão.
- **Qualidade:** a Apple se diferencia das outras pela sua história e busca constante pela inovação. Ter um *Iphone* também é sinal de status, mas, acima de tudo, a empresa é reconhecida pela qualidade de seus produtos. Ninguém se apaixona por produtos que não são bons.

O objetivo do *branding* não é apenas atrair novos clientes, mas também fidelizar os existentes, transformando a marca em uma escolha preferencial e promovendo um relacionamento duradouro. Empresas com estratégias de *branding* eficazes podem alcançar maior lealdade de marca, maior reconhecimento no mercado, e, consequentemente, um desempenho financeiro superior.

# 45

# SOCIAL SELLING

## Como faturar milhões com as *lives shop*?

Em 2024, Virginia Fonseca – uma das maiores influenciadoras do Brasil, segundo a Revista Forbes – faturou mais de R$ 15 milhões durante uma *live shop* (forma de comércio eletrônico que combina transmissões ao vivo com compras on-line). Transmitida diretamente de Dubai, nos Emirados Árabes, a *influencer* brasileira vendeu produtos de beleza da sua própria marca, a WePink – um grande exemplo de como essa estratégia de vendas funciona e é poderosa nos dias atuais.

O *Social Selling* é uma abordagem de vendas que se baseia no uso estratégico das redes sociais e das plataformas on-line para interagir, conectar e envolver os clientes potenciais durante todo o processo de vendas. Transmissões ao vivo, com o objetivo de vender produtos e serviços, iguais à da Virginia, ganham cada vez mais força e popularidade.

Em vez de depender exclusivamente de métodos tradicionais de vendas, os vendedores que adotam o *Social Selling* aproveitam as redes sociais para construir relacionamentos, demonstrar *expertise* e promover suas ofertas de maneira mais autêntica e relevante.

Embora não haja uma única origem para a metodologia de vendas *Social Selling*, podemos identificar alguns fatores-chave que contribuíram para o seu surgimento. Primeiro, o crescimento das redes sociais. Com o surgimento e popularização de plataformas, como LinkedIn, Facebook, TikTok e Instagram, as redes sociais se tornaram parte integrante da vida cotidiana das pessoas. Os vendedores reconheceram o potencial dessas plataformas como canais de comunicação direta com os clientes potenciais.

Segundo, a mudança no comportamento do consumidor que passou a buscar informações e interagir com marcas de maneiras diferentes, usando as redes sociais como fonte de pesquisa e influência em suas decisões de compra. Os vendedores perceberam a importância de estar presente nessas plataformas para alcançar e envolver seu público-alvo.

Depois, a necessidade de construir relacionamentos. Com o advento da era digital, os vendedores reconheceram a importância de construir relacionamentos autênticos e duradouros com os clientes potenciais. As redes sociais oferecem uma maneira conveniente e acessível de se conectar e interagir com um grande número de pessoas de forma personalizada e relevante.

Teve ainda a questão do acesso a dados e *insights*. As redes sociais fornecem aos vendedores acesso a uma variedade de dados e *insights* sobre seus clientes potenciais, incluindo informações demográficas, interesses, comportamentos de compra e interações anteriores com a marca. Isso permite uma segmentação mais precisa e uma abordagem mais personalizada para o processo de vendas.

E, por fim, a evolução das estratégias de marketing e vendas. Com o tempo, as estratégias de marketing e vendas evoluíram para incluir uma abordagem mais orientada para o relacionamento, baseada na construção de confiança e engajamento com os clientes. O *Social Selling* tornou-se uma extensão natural dessas estratégias, permitindo que os vendedores se envolvam com os clientes potenciais de forma mais autêntica e significativa.

Aqui está como funciona a metodologia *Social Selling*:

- **Estabelecer uma presença on-line profissional:** o primeiro passo é criar e otimizar perfis profissionais em plataformas de redes sociais relevantes, como LinkedIn, TikTok, Facebook e Instagram. Os perfis devem ser completos, incluindo informações detalhadas sobre experiência, habilidades, interesses e uma foto profissional.

- **Identificar e conectar-se com clientes potenciais:** usando as ferramentas de busca e filtros disponíveis nas redes sociais, os vendedores podem identificar e conectar-se com clientes potenciais que se encaixam no perfil de seu público-alvo. Eles podem buscar por cargos, setores, empresas específicas e até mesmo palavras-chave relacionadas aos seus produtos ou serviços.
- **Engajar-se com conteúdo relevante:** uma parte fundamental do *Social Selling* é participar ativamente das conversas e discussões relevantes em suas redes sociais. Isso envolve curtir, comentar e compartilhar conteúdo relacionado à sua área de atuação, além de contribuir com *insights* e opiniões valiosas.
- **Demonstrar *expertise* e credibilidade:** os vendedores podem usar suas redes sociais para demonstrar sua *expertise* e autoridade em sua área de atuação, compartilhando conteúdo original, estudos de caso, dicas práticas e *insights* do setor. Isso ajuda a construir credibilidade com os clientes potenciais e a estabelecer confiança antes mesmo do primeiro contato de vendas.
- **Construir relacionamentos e conexões:** o *Social Selling* é sobre construir relacionamentos autênticos e genuínos com os clientes potenciais ao longo do tempo. Isso envolve interagir de forma proativa, responder a perguntas, oferecer suporte e fornecer valor contínuo por meio de suas redes sociais.
- **Iniciar conversas e conduzir o processo de vendas:** uma vez estabelecida uma base sólida de relacionamento e confiança, os vendedores podem iniciar conversas direcionadas sobre as necessidades e os desafios dos clientes potenciais, apresentando soluções relevantes e personalizadas para suas necessidades específicas. O objetivo é guiar o cliente potencial através do processo de vendas de forma consultiva e orientada para a solução.

- **Acompanhar e nutrir relacionamentos:** o *Social Selling* não termina com a venda. Os vendedores devem continuar a acompanhar e nutrir os relacionamentos com os clientes, oferecendo suporte pós-venda, compartilhando recursos úteis e mantendo-se conectados para futuras oportunidades de negócios.

Em resumo, o *Social Selling* é uma abordagem de vendas moderna e orientada para o relacionamento, que utiliza as redes sociais e as plataformas on-line para construir conexões autênticas, demonstrar *expertise* e influenciar as decisões de compra dos clientes potenciais de forma eficaz.

# 46

# PROPAGANDIZE

## Como divulgar e vender ideias?

As próximas duas estratégias são consideradas irmãs gêmeas da comunicação, por isso acabam muitas vezes sendo confundidas. Mas elas possuem uma grande diferença no público alvo, estratégia e objetivo. A propaganda (*propagandize*) geralmente é associada à promoção de ideias, crenças ou agendas políticas, sociais ou ideológicas. Pode ser usada para influenciar as atitudes e comportamentos das pessoas em relação a questões específicas. A propaganda pode ser persuasiva e muitas vezes tem um viés de persuasão ou manipulação para atingir seus objetivos. Em resumo, ela é usada para vender ideias, diferentemente da publicidade que é usada para a venda de produtos e serviços comerciais.

A palavra "propaganda" tem origem no latim *propagare*, que significa "espalhar" ou "propagar". Originalmente, o termo tinha conotações neutras e se referia simplesmente à disseminação de informações ou ideias.

Hoje em dia, o termo "propaganda" geralmente se refere a mensagens persuasivas que são veiculadas através de diversos meios de comunicação, como anúncios impressos, comerciais de televisão e rádio, campanhas nas redes sociais, entre outros. Essas mensagens são projetadas para influenciar atitudes, crenças ou comportamentos das pessoas em relação a um determinado assunto, com o objetivo de promover uma visão específica, incentivar uma ação ou vender um produto ou serviço.

Um exemplo famoso de propaganda é a campanha *I Want You for U.S. Army* (Eu quero você para o exército dos Estados Unidos), criada durante a Primeira Guerra Mundial. O cartaz mais conhecido desta campanha foi criado em 1917 pelo artista James Montgomery Flagg e apresenta uma figura icônica do Tio Sam apontando diretamente para o observador, com a legenda "*I Want You for U.S. Army*".

Esse cartaz tornou-se um símbolo duradouro da propaganda de recrutamento militar nos Estados Unidos e é amplamente reconhecido em todo o mundo. Ele foi projetado para apelar ao patriotismo e ao senso de dever cívico dos americanos, incentivando-os a se juntarem às fileiras do exército durante um período de guerra.

O cartaz exemplifica muitos dos elementos-chave da propaganda, incluindo uma mensagem clara e direta, o uso de simbolismo patriótico e uma abordagem visualmente impactante para chamar a atenção do público-alvo e influenciar suas atitudes e comportamentos.

Um caso famoso de como a propaganda foi usada de maneira totalmente errada e condenável foi durante a Segunda Guerra Mundial. Joseph Goebbels, ministro da propaganda da Alemanha nazista, desempenhou um papel crucial na disseminação e perpetuação do nazismo por meio de técnicas de propaganda. Ele foi responsável por disseminar uma intensa propaganda antissemita, retratando os judeus como inimigos do povo alemão e responsáveis por todos os males da sociedade. Indiscutivelmente, um dos fatos mais horríveis da história mundial.

Mas a propaganda é extremamente eficaz, quando usada de maneira benéfica, em construir uma sociedade mais digna, crítica e justa a todos. Pode ser uma ferramenta poderosa para promover mudanças positivas na sociedade quando usada de maneira ética e responsável.

A propaganda pode ser utilizada para aumentar a conscientização sobre questões importantes, como direitos humanos, igualdade de gênero, proteção ambiental, saúde pública e combate à discriminação. Por exemplo, campanhas de saúde pública podem fornecer informações sobre prevenção de doenças, hábitos saudáveis e acesso a serviços médicos. Da mesma forma, campanhas educacionais podem promover a importância da educação, incentivar a leitura e o aprendizado e fornecer recursos para estudantes.

A propaganda pode desempenhar um papel importante na promoção da inclusão e diversidade, combatendo estereótipos e preconceitos e celebrando a variedade de identidades e experiências. Campanhas publicitárias que destacam a diversidade racial, étnica, cultural, de gênero e sexual podem contribuir para a construção de uma sociedade mais inclusiva e respeitosa.

Aqui estão cinco técnicas comuns usadas em propaganda:

- **Apelo emocional:** esta técnica busca evocar emoções no público alvo, como felicidade, tristeza, medo, nostalgia ou esperança. Ao associar um produto, serviço ou causa a sentimentos poderosos, a propaganda pode criar uma conexão emocional com o público e influenciar suas atitudes e comportamentos.
- **Testemunhos e endossos:** esta técnica envolve o uso de testemunhos ou endossos de indivíduos influentes, celebridades ou especialistas para promover um produto ou serviço. A credibilidade e reputação dessas figuras são utilizadas para convencer o público sobre a qualidade ou eficácia do que está sendo anunciado.
- **Apelo à autoridade:** nesta técnica, a propaganda usa figuras de autoridade, como especialistas, médicos, cientistas ou instituições respeitadas, para validar uma mensagem ou reivindicação. O objetivo é convencer o público de que a informação apresentada é confiável e está baseada em evidências sólidas.
- **Escassez e urgência:** esta técnica capitaliza a ideia de escassez ou urgência para motivar o público a agir rapidamente.

Ofertas de tempo limitado, quantidades limitadas ou oportunidades exclusivas são apresentadas na propaganda para criar um senso de urgência e incentivar a compra ou ação imediata.

- **Apelo à aspiração:** esta técnica explora os desejos, sonhos e aspirações das pessoas, apresentando um produto, serviço ou estilo de vida como uma forma de alcançar esses objetivos desejados. A propaganda mostra como o uso do produto ou serviço pode melhorar a vida do consumidor, tornando-o mais atraente, bem-sucedido, feliz ou realizado.

# 47

# ADVERTISING

## Como divulgar e vender produtos?

Por fim, vamos definir de uma vez por todas a publicidade. Diferentemente da propaganda, esta estratégia foca na divulgação estratégica de produtos e serviços. O foco principal dela é comercial, visando promover produtos ou serviços com o objetivo de aumentar as vendas. A publicidade é mais direcionada ao consumo e às escolhas de compra dos consumidores.

A palavra "publicidade" (*advertising*) refere-se ao ato de tornar algo público, principalmente através de mídias, como televisão, rádio, impressos e internet, com o objetivo de promover produtos, serviços ou marcas. Em um contexto comercial, publicidade é uma ferramenta de marketing utilizada para atrair consumidores, informando-os sobre as características e benefícios de um produto ou serviço, e persuadindo-os a realizar uma compra ou adotar uma marca.

Além do sentido comercial, ela também pode significar o caráter de algo que é aberto e acessível ao público geral, como em informações e processos públicos em governos e instituições. O termo está relacionado à divulgação ampla de informações para o conhecimento geral.

Portanto, a publicidade pode ser vista tanto como uma prática de marketing quanto como um princípio de transparência e acesso à informação.

Um dos casos mais famosos de publicidade é a campanha *Think Different* (Pense diferente) da Apple, lançada em 1997.

Esta campanha é amplamente celebrada por sua abordagem inovadora e impacto no reposicionamento da marca. A Apple estava enfrentando uma série de desafios competitivos e financeiros, e a campanha *Think Different* foi uma resposta estratégica para revitalizar a imagem da empresa.

A campanha foi marcada por um comercial de televisão intitulado *Here's to the Crazy Ones*, narrado inicialmente por Richard Dreyfuss (e em uma versão nunca ida ao ar, por Steve Jobs). O anúncio destacava figuras históricas inovadoras e criativas, como Albert Einstein, Martin Luther King Jr e John Lennon, associando a marca Apple a uma imagem de criatividade e inovação. A frase *Think Different* tornou-se um *slogan* icônico, refletindo a filosofia da empresa de ir contra o convencional e incentivar a inovação.

A campanha não só ajudou a Apple a ganhar uma nova vida como uma marca líder em inovação, mas também redefiniu as estratégias de publicidade na indústria de tecnologia. Ela é frequentemente estudada em cursos de marketing e comunicação devido ao seu impacto significativo e abordagem criativa.

Para vender um produto ou serviço, diferentes técnicas de publicidade podem ser aplicadas, cada uma ajustada ao público-alvo e aos objetivos específicos da campanha. Aqui estão três técnicas comuns:

- **Publicidade emocional:** esta técnica visa conectar-se emocionalmente com o público-alvo. Por exemplo, anúncios que mostram famílias felizes ou histórias de superação pessoal podem gerar uma resposta emocional que associa sentimentos positivos à marca ou produto. Isso é frequentemente usado em campanhas de automóveis, seguros e produtos de consumo que destacam segurança, conforto ou bem-estar.
- **Marketing de influência:** utilizar influenciadores para promover produtos ou serviços é uma estratégia eficaz na era digital. Influenciadores podem ser celebridades, especialistas

em um determinado campo ou simplesmente pessoas populares nas redes sociais. Eles usam sua credibilidade e alcance para falar sobre um produto, o que pode influenciar diretamente o comportamento de compra de seus seguidores. Essa técnica é amplamente usada em setores como moda, tecnologia e beleza.

- **Demonstração de produto:** mostrar o produto em ação, destacando suas funcionalidades e benefícios, é uma técnica clássica de publicidade. Isso pode ser feito através de comerciais de TV, vídeos on-line ou demonstrações ao vivo. Por exemplo, muitos anúncios de eletrodomésticos mostram os aparelhos sendo usados, ressaltando como eles facilitam a vida dos usuários. Essa técnica é eficaz porque ajuda os consumidores a visualizar como o produto pode ser útil em suas próprias vidas.

Essas técnicas podem ser adaptadas e combinadas dependendo do mercado alvo e do canal de mídia escolhido, proporcionando uma abordagem versátil e eficaz para campanhas publicitárias.

# REFERÊNCIAS BIBLIOGRÁFICAS


BELFORD, Jordan. *Os segredos do lobo: o método infalível de vendas do Lobo de Wall Street*. São Paulo: Planeta do Brasil, 2018.

BENDER, Arthur. *Personal branding:* construindo sua marca pessoal. São Paulo: Integrare Editora, 2009.

CARNEGIE, Dale. *Como fazer amigos e influenciar pessoas.* Rio de Janeiro: Sextante, 2019.

CIALDINI, Robert B. *As armas da persuasão 2.0.* São Paulo: Harper Collins, 2021.

FUTRELL, Charles M. *Vendas:* fundamentos e novas práticas de gestão. São Paulo: Saraiva, 2003.

GITOMER, Jeffrey. *O livro vermelho de vendas.* São Paulo: M. Books, 2007.

HOPKINS, Tom. *Vendas para leigos.* Rio de Janeiro: Alta Books, 2014.

KENNEDY, Gavin. *Negociação sem mistério:* glossário dos termos essenciais. São Paulo: Publifolha, 2005.

KLARIC, Jürgen. *Venda à mente, não ao cliente:* como aplicar a neurociência para negociar mais falando menos. São Paulo: Planeta Estratégia, 2017.

LINDSTROM, Martin. *Brandsense:* segredos sensoriais por trás das coisas que compramos. Porto Alegre: Bookman, 2012.

MISNER, Ivan; MORGAN, Don. *Mestres das vendas.* Rio de Janeiro: Sextante, 2013.

PINK, Daniel H. *Vender é humano:* a surpreendente verdade sobre a arte da persuasão. Rio de Janeiro: Sextante, 2019.

RACKHAM, Neil. *Alcançando excelência em vendas: spin selling.* Rio de Janeiro: Alta Books, 2023.

REICHHELD, Fred; MARKEY, Rob. *A pergunta definitiva 2.0.* Rio de Janeiro: Alta Books, 2018.

ROWLES, Daniel. *Digital branding:* estratégias, táticas e ferramentas para impulsionar seu negócio na era digital. São Paulo: Autêntica Business, 2021.

WALKER, Jeff. *A fórmula do lançamento.* Rio de Janeiro: Best Business, 2019.